制造业先进技术系列

船用柴油机机身加工工艺可靠性分析与质量控制

周宏根　李国超　孙　丽　著

机械工业出版社

本书以船用柴油机机身为研究对象，系统地介绍了其加工工艺可靠性分析与质量控制技术。本书主要内容包括绪论，工艺可靠性定义与工艺可靠性模型，船用柴油机机身加工工艺 PFMECA 与关键特征确定、加工工艺仿真分析，关键工艺参数与质量表征参数建模，船用柴油机机身加工工艺可靠性模型、工艺误差传递网络的建立与分析、加工质量预测及优化方法、孔系相似工序质量控制图、质量控制图模式识别诊断。本书对船用柴油机机身加工过程进行了全方位、多角度的分析，为提升船用柴油机机身加工工艺可靠性水平和构建机身加工最佳工艺方案提供了理论支撑和技术指导，有较高的参考价值。

本书可供机械加工技术人员使用，也可供相关专业的在校师生及研究人员参考。

图书在版编目（CIP）数据

船用柴油机机身加工工艺可靠性分析与质量控制/周宏根，李国超，孙丽著. —北京：机械工业出版社，2023.10
（制造业先进技术系列）
ISBN 978-7-111-73736-0

Ⅰ.①船… Ⅱ.①周…②李…③孙… Ⅲ.①船用柴油机－机械加工－研究 Ⅳ.①U664.121

中国国家版本馆 CIP 数据核字（2023）第 160437 号

机械工业出版社（北京市百万庄大街22号　邮政编码100037）
策划编辑：陈保华　　　　　　　责任编辑：陈保华　李含杨
责任校对：龚思文　张　薇　　　封面设计：马精明
责任印制：邓　博
北京盛通数码印刷有限公司印刷
2023 年 11 月第 1 版第 1 次印刷
169mm×239mm・10.25 印张・197 千字
标准书号：ISBN 978-7-111-73736-0
定价：79.00 元

电话服务　　　　　　　　　　网络服务
客服电话：010-88361066　　　机　工　官　网：www.cmpbook.com
　　　　　010-88379833　　　机　工　官　博：weibo.com/cmp1952
　　　　　010-68326294　　　金　书　网：www.golden-book.com
封底无防伪标均为盗版　　　　机工教育服务网：www.cmpedu.com

前　言

　　船舶制造业的发展水平体现了国家与社会的科技与经济的综合实力。21世纪初，根据全球船舶制造业市场份额的分布情况，我国已经成为世界上重要的造船中心。在此背景下，我国船用柴油机制造业已具备跨越式发展能力与诸多优势，今后我国船用柴油机的制造水平也势必会迈上新台阶。但是，目前我国船用柴油机制造水平与国际先进水平仍存在着不小的差距，要大力发展我国船舶制造业，实现从造船大国向造船强国的成功转变，就必须加快发展船舶配套动力设备，从根本上解决船舶设备配套能力不足的问题。因此，发展以船用柴油机为代表的船用装备制造技术已成为当务之急。

　　柴油机机身作为柴油机的装配基础，其加工质量对柴油机装配与使用的影响极为显著。然而，由于机身尺寸大、结构复杂、技术要求和加工精度要求高，柴油机加工工艺过程复杂，在加工中及加工后容易产生变形，难以对机身整体的加工质量和可靠性进行评估，因此需要对其加工工艺可靠性进行建模，并对其加工质量进行预测及控制。针对这些问题，本书内容主要分为两大部分：第一部分侧重于船用柴油机机身加工工艺可靠性建模，采用可靠性领域的相关知识解决船用柴油机机身加工过程中的失效问题，并结合有限元软件的优势，构建了机身加工工艺可靠性模型；第二部分侧重于船用柴油机机身加工质量的控制，引入统计过程控制（SPC）理论，对柴油机机身加工过程中的关键质量参数进行监控，如果出现加工异常，则会及时报警，从而避免造成重大损失。

　　本书由周宏根、李国超、孙丽撰写。江苏科技大学机械工程学院船舶与海工装备智能制造研究所的硕士研究生张威、杨威斌、赵聪参与了本书相关课题的研究工作，在此深表感谢。同时，感谢陕西柴油机重工有限公司的谢占成高工、冯丰高工、曹利平高工等在试验方面提供的指导和帮助。此外，在本书撰写过程中参阅了相关文献、资料，在此谨向其作者表示感谢！

限于作者水平，书中不足之处在所难免，敬请专家和读者批评指正，将不胜感激。

周宏根　李国超　孙　丽

目 录

前言
第1章 绪论 ································ 1
1.1 工程背景 ···························· 1
1.2 工艺可靠性技术研究现状 ········ 2
1.3 产品质量控制技术研究现状 ····· 4
1.4 本书的主要内容 ···················· 9
第2章 工艺可靠性定义与工艺
　　　　 可靠性模型 ···················· 10
2.1 工艺可靠性定义 ··················· 10
2.2 工艺可靠性模型 ··················· 11
　 2.2.1 工艺可靠性串联模型 ······· 11
　 2.2.2 工艺可靠性顺序关联
　　　　 模型 ························· 12
　 2.2.3 工艺可靠性功能关联
　　　　 模型 ························· 12
　 2.2.4 工艺可靠性混联模型 ······· 13
2.3 本章小结 ···························· 14
第3章 船用柴油机机身加工工艺
　　　　 PFMECA 与关键特征
　　　　 确定 ···························· 15
3.1 船用柴油机机身加工工艺
　　过程 ·································· 15
3.2 基于 5M1E 分析法对柴油机机身
　　加工质量关键影响因素分析 ····· 19
3.3 柴油机机身系统定义及加工关键
　　工序确定 ···························· 21
3.4 基于 PFMECA 的柴油机机身关键
　　特征确定 ···························· 22
　 3.4.1 PFMECA 方法介绍 ········· 22
　 3.4.2 风险优先数计算方法 ······· 23
　 3.4.3 柴油机机身关键特征
　　　　 确定 ························· 26

3.5 本章小结 ···························· 32
第4章 船用柴油机机身加工工艺
　　　　 仿真分析 ······················ 33
4.1 基于"生死"单元技术的粗加工
　　工艺对加工精度的影响 ·········· 33
　 4.1.1 残余应力对机身加工精度影响
　　　　 机理分析 ···················· 33
　 4.1.2 基于"生死"单元技术的切削
　　　　 过程建模 ···················· 34
　 4.1.3 初始残余应力载荷施加 ····· 35
　 4.1.4 机身粗加工工艺对变形影响
　　　　 分析 ························· 36
4.2 基于切削仿真技术的镗孔加工
　　工艺对孔系精度的影响 ·········· 38
　 4.2.1 镗削工艺有限元仿真
　　　　 建模 ························· 39
　 4.2.2 镗削工艺参数对孔系精度
　　　　 的影响 ······················ 43
4.3 环境温度对孔系加工精度的
　　影响 ·································· 46
4.4 本章小结 ···························· 47
第5章 关键工艺参数与质量表征
　　　　 参数建模 ······················ 49
5.1 正交试验设计与分析 ············· 49
　 5.1.1 正交试验设计 ··············· 49
　 5.1.2 正交试验结果极差分析 ···· 51
　 5.1.3 正交试验结果方差分析 ···· 55
5.2 响应面法建模与分析 ············· 57
　 5.2.1 响应面法建模原理 ·········· 57
　 5.2.2 基于响应面模型的方差
　　　　 分析 ························· 59
　 5.2.3 响应面法建模与分析 ······· 60

5.3 BP 神经网络建模 …………………… 61
　5.3.1 BP 神经网络简介 ………………… 62
　5.3.2 数据获取与归一化 ……………… 63
　5.3.3 BP 神经网络设计 ………………… 64
　5.3.4 BP 神经网络训练与验证 ………… 67
5.4 本章小结 …………………………… 69

第 6 章 船用柴油机机身加工工艺可靠性模型 …………………… 70

6.1 面向可靠性分析的加工工艺参数分布 ………………………………… 70
6.2 柴油机机身加工工艺可靠性模型 ………………………………… 73
　6.2.1 工艺可靠性指标的确定 ………… 73
　6.2.2 工艺故障判据的确定原则 ……………………………… 73
　6.2.3 计算质量表征参数的合格概率 …………………………… 74
　6.2.4 机身加工工艺可靠性模型的建立 ………………………… 75
　6.2.5 工艺可靠度计算及敏感性分析 …………………………… 76
6.3 柴油机机身加工工艺可靠性模型验证 ………………………………… 80
　6.3.1 柴油机机身加工工艺可靠性验证试验方案 ……………… 80
　6.3.2 柴油机机身关键质量表征参数数据处理方法 …………… 80
　6.3.3 基于柴油机机身实测质量数据的工艺可靠度的点估计 …………………………… 83
　6.3.4 基于柴油机机身实测质量数据的工艺可靠度的区间估计 …………………………… 83
6.4 本章小结 …………………………… 84

第 7 章 船用柴油机机身工艺误差传递网络的建立与分析 … 85

7.1 工艺误差传递网络的建立 ………… 85
　7.1.1 机身工艺误差传递网络节点的定义 …………………………… 85

7.1.2 机身工艺误差传递网络边关系定义 …………………………… 88
　7.1.3 机身工艺误差传递网络建模 ……………………………… 89
7.2 工艺误差传递网络的分析 ………… 90
　7.2.1 工艺误差传递网络拓扑关系评价指标 …………………… 90
　7.2.2 工艺误差传递网络分析结果 …………………………… 91
7.3 本章小结 …………………………… 93

第 8 章 船用柴油机机身加工质量预测及优化方法 …………… 94

8.1 质量预测模型的构建方法 ………… 94
　8.1.1 质量预测流程 …………………… 94
　8.1.2 支持向量回归算法原理 ………… 95
　8.1.3 蚁狮算法原理 …………………… 96
　8.1.4 质量预测模型的建立流程 ……………………………… 98
8.2 误差因素统计量化方法研究 ……… 99
8.3 柴油机机身加工质量预测实例验证 …………………………… 101
8.4 基于工艺可靠性的机身工艺参数优化方法 …………………… 103
　8.4.1 优化变量及目标函数的设计 ……………………………… 103
　8.4.2 约束条件及优化模型的建立 ……………………………… 103
　8.4.3 基于 HOOKE–JEEVES 算法改进的粒子群寻优算法 … 105
　8.4.4 实例分析 ………………………… 106
8.5 本章小结 ………………………… 113

第 9 章 船用柴油机机身孔系相似工序质量控制图 …………… 114

9.1 相似工序评定与统计过程控制相关理论 …………………… 114
　9.1.1 工序成组技术 …………………… 114
　9.1.2 直觉模糊集理论 ………………… 115
　9.1.3 质量控制图 ……………………… 117

9.2 基于直觉模糊集的机身孔系相似
　　　工序评定 ……………………… 119
　　9.2.1 关键孔系镗削工序加工过程
　　　　　影响因素分析 …………… 119
　　9.2.2 基于层次分析法的评价
　　　　　模型 ……………………… 121
　　9.2.3 机身孔系相似工序评定 … 123
9.3 相似工序数据处理与质量控制图
　　　绘制 ……………………………… 124
　　9.3.1 基于相对公差法的数据处理
　　　　　方法 ……………………… 124
　　9.3.2 机身孔系质量控制图
　　　　　绘制 ……………………… 128
9.4 本章小结 ……………………… 129

第10章　船用柴油机机身质量控制图模式识别诊断 …………… 130
10.1 模式识别相关理论 …………… 130
　　10.1.1 质量控制图模式 ……… 130
　　10.1.2 质量控制图数据特征
　　　　　 提取 ……………………… 132

　　10.1.3 支持向量机分类原理 …… 137
10.2 质量控制图模式识别模型 …… 139
　　10.2.1 多分类支持向量机 …… 139
　　10.2.2 基于布谷鸟搜索的核参数
　　　　　 优化 ……………………… 140
　　10.2.3 质量控制图识别模型的
　　　　　 应用 ……………………… 142
10.3 质量控制图异常原因及处理
　　　 措施 ……………………………… 145
　　10.3.1 质量控制图异常原因
　　　　　 分析 ……………………… 145
　　10.3.2 异常模式处理措施 …… 145
10.4 基于去干扰点同轴度测量方法的
　　　 机身事后质量控制方法 …… 146
　　10.4.1 孔系同轴度测量原理 … 146
　　10.4.2 孔系同轴度检验方法
　　　　　 改进 ……………………… 148
10.5 本章小结 ……………………… 151

参考文献 ……………………………… 152

第 1 章 绪 论

1.1 工程背景

船舶工业作为一项现代化综合性产业及战略性产业,在提升我国综合国力的过程中占据了重要的地位,为我国的水上交通、海洋开发、国防建设及经济发展奠定了坚实的基础,同时也为我国先进装备制造业的发展提供了重要保障,所以进一步发展壮大船舶工业,是提升国力的必然要求,在维护国家权益、加快海洋发展、保障战略运输安全等方面具有重要意义。船用柴油机因其良好的经济性、较高的热效率、良好的机动性、较大的适用范围等优点在船用发动机中占据了绝对领先的地位。作为船舶的主要动力推进装置,船用柴油机的造价一般占总船价的10%~20%,其结构复杂,一旦在航行过程中发生故障不仅维修存在一定的困难,还可能导致发生事故而耽误运输。因此,船用柴油机的质量对船舶行业的发展起到了至关重要的作用。

船用柴油机作为船舶的核心部件,源源不断地为船舶提供了充足可靠的推进动力,为船舶能够在海上正常作业提供了重要的保障。对于船用柴油机的研究基本围绕经济性、动力性及排放物等方面展开,而随着功率的不断提高,柴油机产生的热载荷和机械载荷也不断增大,这就对柴油机内部零部件的结构强度提出了更高的要求。如何保证柴油机在使用期间不发生故障,即柴油机的耐久性也成为人们日益关注的焦点。

目前,我国船用柴油机零部件的生产还处于较低的水平,大量的生产过程凭借工人的经验完成,报废率较高;并且由于在加工过程中没有严格控制工艺条件,使机体件在加工完成一段时间后发生变形而失效,给国家和企业带来了巨大的财产损失。柴油机机身作为柴油机的装配基础,其加工质量对于柴油机的装配与使用的影响极为显著。然而,由于机身尺寸大、结构复杂、技术要求和加工精度要求高,柴油机加工工艺过程复杂,在加工中及加工后容易产生变形,难以对机身整体的加工质量进行评估。为有效评估机身整体的加工质量,研究能够表征机身加工质量的表征参数及其影响因素极为重要。

针对船用柴油机机身加工可靠性不高的问题,对柴油机机身加工工艺过程进行分析,确定机身加工关键工艺,并对其开展故障模式与影响分析,利用有限元仿真分析确定对机身加工影响显著的关键影响因素。找出柴油机机身加工关键工艺参数，建立加工工艺参数与机身工艺可靠性的关系模型，实现基于加工过程参数对机身工艺可靠性水平的预测，为提升机身加工工艺可靠性水平和构建柴油机机身加工最佳工艺方案提供理论支撑和技术指导。

柴油机机身的机加工质量是船用柴油机最终质量的重要保障，其质量的优劣，是衡量一台船用柴油机装配性能和运行可靠性的重要指标。但柴油机机身作为一种具备多工序、多品种、小批量等加工特点的复杂零部件，其制造环节仍存在着诸多问题：

（1）工艺内容繁杂　机身的工艺信息和加工数据的可管理性差，多为纸面记录，从而导致工艺人员对相关信息的调用困难。

（2）工艺信息及数据的利用率低　工艺人员往往仅将机身工艺信息和加工数据作为机身工艺路线如何安排的参考和工序质量是否合格的依据，未曾充分合理利用机身加工过程中的各类信息数据。

（3）工艺参数的制定保守　机身的加工精度要求高且直接受切削工艺的影响，而目前在机身的加工中，往往依靠工艺人员的个人经验和最差切削条件来制定工艺参数，使机身加工过程长期处于一种设计性能被限制的保守工作状态，从而造成了加工成本的实质性浪费。

（4）过度依赖事后检验　机身加工质量的检验是评判其是否符合质量要求的重要步骤，但不合格产品的返工或是报废将造成企业成本的巨大浪费。目前大多柴油机机身制造企业在质量控制方面仍仅依赖于基于抽样检验的事后质量控制，未曾对事前和事中两个阶段进行质量控制，从而导致机身的报废率高且质量提升困难。

面对上述柴油机机身的加工现状，企业首先亟须实现对机身工艺信息和加工数据的数字化管理，这是制造业的发展趋势，也是后续对于机身进行质量控制的基础。其次需要充分利用机身的一切工艺信息和加工数据，如何从这些数据中挖掘到机身质量的关键信息是进行机身质量提升的前提所在。目前对产品质量提升的方法大多集中于产品某单个加工阶段的研究，而对于加工精度及难度较高的船用柴油机机身的加工而言，仅对单方面进行研究的质量提升实际效果有限。因此本书结合柴油机机身加工特点，通过分析机身的工艺信息和加工数据，结合相关控制优化和数据挖掘技术，提出了一种面向船用柴油机机身加工质量控制与工艺优化的方法。

1.2　工艺可靠性技术研究现状

产品的设计决定了整个产品的外观、结构和功能，良好的设计对产品的使用起决定性作用。然而，无论产品的设计如何优良，最终还是需要通过加工制造将其实现。目前，关于可靠性的研究主要集中在产品的设计和使用，而对于制造过程中的可靠性研究较为零散。为保障产品加工质量和提升产品制造的可靠性，已有部分学者对该领域开展了研究。张发平、吴迪建立了系数矩阵及转移概率矩阵构造误差传递概率方程以评估工序的工艺可靠性，对质量薄弱环节进行改善后，建立了符合当前情况的误差传递概率模型。齐继阳等人综合运用模糊集理论和随机 Petri 网对制造系统的可靠性进行分析，采用随机 Petri 网建立了可重构制造系统的可靠性模型，并利用模糊统计法确定隶属度。黄茁等人将 Petri 网应用于动态可靠性及失效序列分析中，以系统 Petri 网模型为基础构造可达树，以得到系统所有可能的失效序列，并据此计算各失效序列事件的发生概率，从而求解制造系统的动态可靠性。Zhang 等人将基于失效损失的构件重要性度量用于设备重要性分析，提出了一种针对作业车间型制造系统失效损失的系统可靠性评估方法。Zhang 等人在故障影响分析的基础上，开展了预防性维修策略下的系统可靠性评估和构件重要性度量。Chang 等人提出了基于模糊的评估模型，用于评估具有维修行动的劳动密集型制造系统的可靠性。为了利用最新的数据集实现准确的预测，Dong 等人使用灰色模型建立可靠性模型，并应用粒子群优化（PSO）算法进一步提高预测精度。He 等人提出了一种基于过程质量运行数据和产品可靠性输出数据的制造系统可靠性动态建模方法，并引入产品合格率来量化制造过程中质量变化对制造系统可靠性的影响。他们还在量化机电产品制造过程整体质量的基础上，建立了由零件级、部件级、系统级组成的多层模型，以产品故障率的形式对可靠性进行建模。Chen 等人在研究产品风险内在形成和相关扩大过程中的规律时，从质量变异传播和功能失效相关性出发，以风险形成链为基础，从固有风险和关联风险两个方面建立了可靠性模型。Chen 等人提出了一种基于可靠性链效应的多工位制造过程质量链模型，该模型将产品质量与制造系统部件可靠性信息加以集成，从而对系统可靠性进行分析。

除了制造系统的可靠性，工件材料、加工环境和加工工艺等也会影响产品的工艺可靠性。Qin 等人基于复杂系统脆性理论建立了动态质量特性的人机环境脆性模型，对复杂制造过程中动态质量特性的影响因素进行了综合定量分析。Diao 提出了基于加权耦合网络的质量控制方法来改进关键特征的加工质量，并使用基于小世界优化算法的解耦方法对关键节点的状态变化进行了准确分析。贾新章从工艺参数的角度出发，指出不断缩小工艺参数的容差范围和消除工艺参数的漂移是工艺可靠性的重要发展方向。Ge 提出了一种基于幸存特征的工艺优化方法以提高制造工艺的运行可靠性。Loukil 等人为评估加工操作的不稳定性概率，将可变性引入模态和切削参数的估计中，以评估加工颤振的可靠性。Crookston 等人的使用参数和非参数分析来检查两个挤压生产线可靠性指标的潜在差异，并估计工艺的可靠性。Lin 提出了一种使用贝叶斯方法来判断加工是否满足预先设定的质量可靠性要求的方法。Jiang 等人使用现场数据生成图表,以检测是否存在制造问题影响了产品的可靠性,并建立了可靠性模型来描述质量变化对产品可靠性的影响。Zhang 等人为确定加工过程的薄弱环节,提出了加工可靠性对多阶段加工过程关键控制特性的灵敏度计算方法,并通过加工过程的状态空间模型、被加工零件关键产品特性与多阶段加工过程关键控制特性之间的过程性能函数计算加工过程的可靠性。Lu 等人将表面残余应力作为磨削参数与产品可靠性之间的桥梁,使用回归正交试验方法建立了磨削参数与产品可靠性之间的函数关系。Lin 对正态分布进行了基于多样本估计的工艺失能指数的研究,构造了一种获取工艺失能指数上界的贝叶斯方法来评估过程性能。Dai 等人提出了一种基于分析网络过程的过程场景知识网络建模方法,开发的数学模型和算法能够满足不同制造工艺下质量特征的可靠性计算。

作为船舶的主要动力推进装置,柴油机的重要性显而易见。由于柴油机工作环境的恶劣性和复杂性,在保证其具有良好性能的同时,还应该保证柴油机具有高可靠性。国内外对产品在设计过程中的可靠性研究已取得了显著的成果,但仅是研究设计过程的可靠性是远远不够的,由设计确定的可靠性指标需要通过制造来实现,因此研究机械制造过程的可靠性同样具有重要意义。Pecht、Dasgupta 总结了物理失效模型的研究成果,指出物理失效模型在制造过程中对提高产品可靠性也是一种经济有效的手段。张春良、廖卫献根据我国对产品可靠性的研究现状,介绍了工艺可靠性的研究方法及核工业机械制造工艺的特点。张宏声指出在建立机械制造的工艺可靠性指标体系时,要全面考虑机械制造过程中的各个要素。宋保维研究了工艺过程参数对产品耐磨性、疲劳强度等方面的影响。贾新章介绍了工艺可靠性设计的主要技术,并指出了工艺可靠性的发展方向为不断缩小工艺参数的容差范围并消除工艺参数的漂移。李玉宏对机械制造的工艺可靠性的现状进行了分析,提出了提升机械制造工艺可靠性的措施。张发平、吴迪通过建立系数矩阵及转移概率矩阵构造误差传递概率方程评估工序的工艺可靠性,在对质量薄弱环节进行改善之后,建立了符合当前情况的误差传递概率模型。

综上可得,目前对于加工可靠性的研究主要集中于分析制造系统可靠性或分析工艺参数对加工可靠性的影响,而从加工工艺的角度分析加工可靠性的研究较少。鉴于加工工艺对产品的加工质量有很大的影响,为更好地保证产品加工质量,开展产品加工工艺可靠性研究工作是十分重要的。

1.3 产品质量控制技术研究现状

质量管理作为企业发展的关键技术,其按照发展历程可分为质量检验、统计质量控制、全面质量管理和标准化质量管理这四个阶段,从其中可以看出,质量管理的最终目标是实现产品质量的提前控制。质量预测作为判定产品加工前质量控制方向的重要手段，其目的是为了在产品的正式加工前，基于产品历史质量信息，通过相关质量预测方法实现对产品最终输出质量的预测，从而对可能出现质量问题的产品进行预防。

产品的质量预测方法一直是质量管理方向研究的热点。以前制造企业常常使用定性分析预测方法来进行质量预测，然而该方法太过于依赖工艺人员的经验和能力，因此利用该方法所获得的预测值往往过于主观。因此，近年来随着机器学习方法等先进算法的快速发展，建立一个高效精确的预测模型进行定量分析预测已成为目前质量预测的主流方法。基于所建立的质量预测模型，不仅可以根据质量预测值来判断是否需要对工艺方案进行改进，还可以用来研究设计变量同输出值间的影响关系，如基于表面形貌的预测模型，可以对磨削工艺参数与磨削表面三维形貌的影响关系进行探寻。

反向传播（BP）神经网络、支持向量机、灰色理论等是质量预测模型建立方法的代表。如黄吉东等人就曾针对工件的磨削加工过程，通过支持向量回归算法建立了工件表面粗糙度预测模型，从而解决了磨削自动化加工难以实现的问题。同样为解决磨削加工问题，Lu等人在收集的相关试验数据基础上，建立了磨削工艺参数与产品可靠性的回归预测模型。Selvakumar等人在对工件装夹布局方案进行研究后，建立了定位元件位置和加工后工件变形量的BP神经网络预测模型。汤传尧等人考虑到连杆衬套加工过程中的多因素影响，基于灰色理论建立了GM（0，4）质量预测模型。Hertlein等人以工艺参数为输入，产品质量为输出，建立了激光增材制造的贝叶斯质量预测模型。Ashtiani等人提出了一种改进神经网络预测模型，并在合金热变形量预测问题的应用上获得了较好的预测结果。Chen提出了一种能够实现自适应调整参数训练的径向基神经网络模型，并在车削加工表面轮廓形状预测试验中得到了有效验证。Portillo等人为实现电火花线切割的退化行为预测，综合工件特点及其工艺信息，使用神经网络算法实现了预测目标。

还有很多学者将时间序列预测法应用到了产品加工质量的预测上，如董辉以非等时序排列方式对已加工零件的历史数据进行处理，并基于灰色理论处理后的历史数据插补成为等时序排列，最后通过BP神经网络实现了零件加工精度的预测。李元等人则通过加权最小二乘支持向量机（WLSSVM）算法实现了对质量标准差的时间序列预测。于兴基于筛选出的关键质量特性，对关键质量特性所对应的工序加工特点进行了分析，最终构建了在少量历史时间序列数据条件下能够实现较为准确预测的GM-ARMA-GBDT组合预测模型。Tirkel利用所建立的晶圆加工周期预测模型，提高了产品制造和供应效率。

但上述研究大多针对的是单工序或仅考虑工艺参数输入下工件质量的预测，

对于一些复杂零件,其多工序的加工特点使该类零件的最终质量不可避免地会受到误差传递耦合效应的影响,若忽略其加工中的误差传递作用,所建立的质量预测模型准确度往往不尽如人意。Abelian等人对多工序工件的工艺配置及误差传递信息进行了分析,并在此基础上实现了对工件质量的预测。江平宇等人通过对单工序的质量信息进行整合,提取了关键工序及其前后工序,探寻其加工质量与产品最终质量间的影响关系,并最终建立了基于赋值型误差传递网络的多工序质量预测模型。李伊等人采用制造过程中的历史数据,构建了复杂武器装备多工序制造中工艺因素同质量输出之间的映射关系,并最终对轴端螺纹的预紧力进行了预测。

质量控制是现代企业进行质量管理的重要组成部分,从1926年休哈特博士开创了统计质量控制这一理论以来,已经开发了大量的质量控制理论和方法来帮助企业达到质量目标。发展至今,质量控制方法现在可以在事前、事中及事后这三个阶段进行讨论,其中产品加工前的工艺设计环节称为质量的事前预防控制,产品加工过程中的监测过程称为质量的事中控制,产品加工后的抽样检验则称为质量的事后检验控制。为实现产品质量的源头治理,基于工艺设计方法的事前预防控制和基于过程监测方法的事中控制是目前质量控制方法研究的热点。

工艺优化设计方法的廉价性和灵活性,使其在工艺人员制订产品的最优工艺过程中得到了广泛应用。该方法实现了产品加工前工艺设计阶段的质量控制,目前常用的方法主要分为智能优化算法优化和试验设计优化。试验设计优化方面,Akash和Inamdar通过信噪比和方差分析方法对切削速度、进给速度、背吃刀量、刀具参数等工艺参数的影响进行了分析,使用灰色关联法对高速车削参数进行了优化,结果表明较高的切削速度和较低的进给速度可以显著改善硬化AISI S7工具钢的表面质量。王进峰等人以工件质量和功率系数为优化目标,基于加工试验及灰色关联法对最优切削参数组合进行了求解。Campatelli等人以最大限度降低铣削过程的功耗为目标,以切削速度、背吃刀量、进给量为变量,基于响应面法获得了环境足迹最低的工艺参数,即更高的切削速度、进给速度和切屑截面。Salman等人通过田口法分析了斜孔切削参数对于切削力、切削功率、切削温度的影响,并得到了针对不同优化目标的最佳切削参数。

相比于试验设计优化,智能优化算法优化的成本较低,效率更高。常用的几种智能优化算法有:遗传算法、模拟退火算法、粒子群算法、蚁群算法等。其中遗传算法和模拟退火算法将预测模型的输出作为适应度函数,并基于规则算法,通过反复迭代求解工艺参数的最优组合,以满足所需的适应度要求。而粒子群算法则以其相对真实的粒子结构和较快的迭代速度,在工艺参数优化中得到广泛运用。例如Han等人就通过建立关于切削功率及材料去除率的多目标模型,使用粒子群算法确定了最优的切削参数。Jayabal等人以刀具切削复合材料时磨损量最小为优化目标，基于试验设计和遗传算法得到了最优工艺参数组合，提高了加工精度。马峰等人则以设备状态和工件加工质量为约束，以最少切削液消耗为优化目标，建立了针对切削参数的优化模型，并基于遗传算法对该优化模型进行了求解。赵传营等人将 BP 神经网络和遗传算法相结合，建立了以工艺参数为输入，表面粗糙度为输出的 BP 神经网络模型，并基于遗传算法得到了 TC4 材料加工的最优工艺参数组合。刘强等人利用计算机辅助工程（CAE）有限元分析软件 Dynaform 进行冲压成形数值仿真，使用仿真得到的试验数据对径向基函数（RBF）预测模型进行了训练，通过带精英策略的非支配排序遗传算法获得了工艺参数的帕累托解，最后使用逼近理想解排序法评价，并筛选出了冲压过程最优工艺参数组合。

然而，随着智能优化理论的进一步发展提升，标准智能优化算法的缺陷也逐渐暴露出来。例如遗传算法虽然能够很好地跳出局部最优解以得到全局最优解，但其存在多个约束条件下收敛速度慢且精度较低的缺陷；而粒子群算法虽然求解速度快，但由于其随机性使其很容易陷入局部最优问题等。因此，对于智能优化算法的改进是目前参数优化方向的一种新趋势，Chu 等人提出了一种混合田口遗传算法，以材料去除率和表面粗糙度为优化目标，来求解车床工艺参数的最佳组合，并最终通过试验表明，相较于传统遗传算法，混合田口遗传算法的收敛性和鲁棒性更好。Tan 等人则是将一种新的混沌搜索算法与粒子群优化算法相结合来解决约束规划问题，该混合算法不仅比其他混沌搜索算法具有更好的收敛性，而且在处理高维问题时也具有更好的性能。一种改进的人工蜂群算法也被提出用来解决约束优化问题，并通过测试函数验证证实了该算法相较于标准人工蜂群算法，具备更为强大的寻优能力。

SPC 控制图是最常见的一种事中质量控制方法，该方法能够对工件加工过程的稳定性进行监控，依据控制图的变化，可以快速识别出加工过程中质量下降或不受控制的情况。其原理在于，SPC 理论认为产品即使处于同一个制造环境下，所输出的质量特征值仍存在一定的波动差异，而这种波动能够很好地反应产品制造过程的变化，且具备统计规律性。当加工过程的波动影响来自于工艺系统的随机颤振这类无法被消除的随机波动影响时，其对产品质量的影响可以忽略不计，因此随机波动也称为加工过程的固有波动，只受到该类波动影响的过程称为受控状态；而当加工过程的波动为非随机波动时，如机床设备的精度、刀具的磨损、工人的能力等，非随机波动相比于随机波动是可以查明、控制，甚至消除的，受到该类波动影响的产品加工过程则可定义为失控状态。依据上述原理，当产品加工过程处于受控状态时，其过程特性满足稳定的随机分布；当加工过程处于失控状态时，过程特性将不再满足这一分布，由此可实现对产品质量的控制。

也正因为 SPC 理论进行质量控制的这一独到见解，Oakland 指出 SPC 控制图相比于其他控制方法，其最大的优势在于可在不中断加工过程的条件下，实现对产品加工状态的判断。在 SPC 控制图的改进上，Page 和 Hotelling 分别针对单个质量特性和多个质量特性的过程控制，提出了基于序贯概率比检验思想的累积和控制图（CUSUM）及 T^2 控制图，但也正如 Woodall 和 Gordon 所言，尽管 SPC 控制图作为一种可以快速指示质量下降的方法且得到了有效且广泛的应用，但其最大的问题在于无法确定问题的根源，也无法确定以何种控制手段来解决问题。而目前常用于确定产品质量问题根源的方法可分为失效模式与影响分析（FMEA）和故障树分析（FTA）两种。

FMEA 以一种对工艺系统、设计和加工过程的潜在故障模式进行风险评估的方式，来实现对产品质量问题根源的分析。该方法定义了工序所对应故障模式的严酷度、发生度和检测度，并将这三者的乘积作为故障模式的风险优先数，以对其风险程度进行评判。然而，该方法存在着一定的局限性，首先 FEMA 对于此前未曾发生过的故障模式无法识别，其次对于风险优先数的确定将由于个人差异而带有主观色彩，缺乏准确性，对于这一局限，目前通常将模糊理论引入 FMEA 分析方法中以弥补主观性的不足。FTA 同 FMEA 存在着许多相似之处，如均可进行故障的定性分析，但两者最大的区别为 FTA 是一种由上而下的演绎失效分析法，其利用布林逻辑组合低阶事件来对系统中不希望出现的状态进行分析，该方法既可以进行定性分析，也可以将失效概率作为输入进行系统失效概率的定量分析，而 FMEA 则是一种采用自下往上的归纳分析方法。FMEA 和 FTA 方法虽能对产品质量问题的根源进行分析，但这两种方法的本质仍是人为的判断，对于多品种小批量产品的加工而言，人为经验往往不足以对质量问题的根源进行较为准确的判断。

除上述分析方法外，如全面质量管理（TQM）和六西格玛管理（six-sigma）这两种方法也常被企业用于产品的质量控制。全面质量管理的理念是通过持续检测来减少产品的缺陷率，并通过优化供应链和员工培训来提高客户满意度，需要企业各个部门的协同配合；而六西格玛相比于全面质量管理需要更加严格的部门协同水平，其目标是在满足客户需求的条件下，实现产品的零缺陷。因此这两种方法本质上针对的是对企业质量管理体系的改进。此外，人为因素已被证实能够在制造过程中实现高质量水平发挥重要作用，质量管理系统的开发也正逐渐成为目前制造企业进行智能化质量控制的有效手段。

结合所述国内外研究现状可以看出，得益于机器学习方法的发展，产品加工前的质量预测和工艺参数优化技术已得到了广泛研究，但无论是针对产品的加工质量预测还是工艺参数的优化，大多数研究仅仅只是独立看待产品的某个加工过程。如在产品的加工质量预测方面，目前仍侧重于关注切削参数对质量的影响，而很少关注工艺系统误差传递的效应，在工艺设计优化方面则是更多只考虑到如何使质量特征最优这一表象，却忽略了工艺参数对于机身的内在影响。对于产品的事中监测控制方面，如何既可在不中断加工过程的条件下，实现对产品加工状态的判断，又能确定故障的原因是亟须解决的一个问题。

1.4 本书的主要内容

本书以船用柴油机机身为研究对象，针对船用柴油机开展加工工艺可靠性分析与质量控制的相关研究。针对柴油机机身的加工工艺，开展机身加工工艺的可靠性分析。运用可靠性分析理论和方法，筛选机身加工的关键工序和工艺薄弱环节，通过有限元仿真分析确定工艺薄弱环节加工质量的影响因素，并基于预测理论建立机身工艺薄弱环节加工质量预测模型。在建立工艺可靠性模型的基础上，通过数值仿真对机身加工的工艺可靠性进行评估。针对柴油机加工质量控制，首先依据机身工艺信息，考虑不同网络节点间的误差传递关系，建立起柴油机机身的工艺误差传递网络，基于复杂的网络分析理论，利用 PageRank 算法获取机身关键质量控制点，通过加权节点度获取机身的关键质量特征；然后基于所采集的机身质量特征加工数据，并参考机身工艺误差网络的传递关系，将误差源和切削参数共同作为预测模型的输入，构建加工质量预测模型，并根据机身加工特点确定其可靠度指标，将所求可靠性稳定域作为约束，建立机身工艺参数的可靠性优化模型，从而求解得到机身加工的最优工艺参数组合；充分分析了船用柴油机机身制造过程的影响因素，结合数据处理方法提出船用柴油机机身相似工序的质量控制图，再在控制图研究的基础上，对控制图模式进行分析与数据描述，提出响应的控制图模式识别方法。

第 2 章 工艺可靠性定义与工艺可靠性模型

任何产品在设计过程中确定的可靠性指标,最终都需要在机械制造过程中予以保障和实现。为评定机械制造过程对产品可靠性指标的保障能力,本章将其提炼为对机械制造过程的功能要求,在此基础上提出了机械制造工艺可靠性的基本概念,并介绍了常用的工艺可靠性模型。

2.1 工艺可靠性定义

可靠性在 GJB 451A—2005 中定义为"产品在规定的条件下和规定的时间内,完成规定功能的能力"。而本书所关注的"加工工艺可靠性"研究涉及两类可靠性,即产品的可靠性和加工过程的工艺可靠性。由于机械制造的工艺可靠性研究目标就是在机械制造过程中保障产品的可靠性,所以这两种可靠性是紧密相连的。

机械制造过程是一个复杂的动态过程,包括加工设备、夹具、刀具、检测设备、加工对象及工艺操作控制人员等。本文将机械制造过程作为研究对象,分析其对产品可靠性的保障能力,因此无论是研究对象还是分析内容都具有其特殊性,不同于普通产品,因而相关的可靠性概念不能简单地采用通常的系统可靠性定义,而需要根据对其规定的功能来加以定义。本书参考了可靠性的通用定义,结合了机械制造过程的特点,将机械制造的工艺可靠性定义为:机械制造过程在规定的条件下和规定的时间内,保证加工出来的产品具有规定的可靠性水平的能力。

机械制造过程就是产品的机械加工阶段,包括了产品的工艺设计与工艺实现。规定的条件指机械制造过程在规定的时间内预先规定的全部外部条件,包括人员、设备、材料、工艺、测量、生产环境等条件。人员条件是对与制造过程相关的所有人员的要求,主要包括工艺设计人员、操作员、检验员等应具备的条件。设备条件指对实现制造任务所需的所有设备的要求,主要是对完成生产任务所需的生产、工具等所必须达到的要求。材料条件指对构成产品(工件)实体的主要材料和在制造中起辅助作用而不构成产品实体的辅助材料所需要具备的条件。工艺条件指完成制造任务所采用的技术方法及相关工艺文件的要求,包括对工艺技术、工艺方案、工艺流程、工艺规程、工艺细则、工艺标准、操作方法和工艺参数等具体的要求。测量条件指对原材料检测、生产过程控制、产品质量检验、环保监测等过程所需要具备的条件。生产环境条件指生产（包括设计、加工、处理、装配、检测、计量、调整、试验等）的空间或厂房的大小、高低、通风、照明、温度、湿度、振动、噪声、洁净度、电磁辐射、静电、动力供应及现场生产管理等环境条件要求。规定的时间指完成一个规定加工任务的整个机械制造过程的时间，即机械制造过程从加工任务的开始到结束的实际运行时间，排除了计划内的非工作时间（如有计划的停工时间、休息时间等）。

故障是与可靠性紧密相关的概念。产品的故障是指在规定的条件下，产品丧失规定功能的现象。所以根据机械制造工艺可靠性的定义和研究对象的特点，本书将机械制造过程故障定义为：在规定的条件下，机械制造过程丧失保障产品的可靠性指标这一规定功能的现象。根据这个定义，论文研究的故障不同于传统的机械系统故障，可视为机械制造过程的"工艺故障"，包括加工完成产品的可靠性达不到规定要求的"软故障"和制造设备自身出现的影响其完成加工任务的"硬故障"。

工艺可靠性常用的研究方法可分为两种，一种是将模糊理论应用于处理机械制造过程中的模糊关系的定量方法；另一种是利用故障模式影响分析（FMEA）、故障树分析（FTA）等来描述机械制造过程中涉及的机器、工艺、人员等对加工工艺可靠性影响的定性分析方法，但由于在柴油机机身加工中各种因素对机身可靠性的影响并非都能够定量化描述，因此首先采用第二种方法即定性分析方法对柴油机机身的加工工艺可靠性进行分析。

2.2 工艺可靠性模型

2.2.1 工艺可靠性串联模型

假设制造质量参数 x_m 由 h 个工序加工完成，且仅当这 h 个工序均不发生故障时才能保证相应的 x_m 满足规范要求，该模型被称为工艺可靠性串联模型，各工序之间的相关关系如图2-1所示。假设模型内 h 个工序都是相互独立的，则输出的工艺可靠度为

$$P(x_m) = P(x_m^{(1)})P(x_m^{(2)})\cdots P(x_m^{(h)}) \tag{2-1}$$

式中，$P(x_m^{(j)})$ 表示第 j 个工序输出的质量参数满足要求的概率，$j=1,\cdots,h$。

图 2-1 工艺可靠性串联模型

2.2.2 工艺可靠性顺序关联模型

假设制造质量参数 x_m 由 h 个工序加工完成，将影响 x_m 的工序 j（$j = 1$，2，$\cdots$，h）按照先后加工顺序，建立工艺对质量参数的顺序关联模型，如图 2-2 所示。

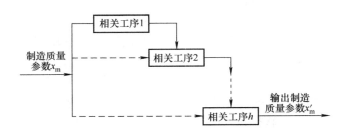

图 2-2　工艺可靠性顺序关联模型

以 2 个顺序关联的工序为例，其输出的质量参数 x_m 满足要求的概率，亦即这 2 个工序过程的工艺可靠度 $P(x_m)$ 可以表示为

$$P(x_m) = [1 - P(x_m^{(1)})]P(x_m^{[1]}) + P(x_m^{(1)})]P(x_m^{(2)}) \qquad (2-2)$$

式中，$P(x_m^{(j)})$ 表示第 j 个工序输出的质量参数满足要求的概率；$P(x_m^{[j]})$ 表示即使第 j 个工序输出的质量参数超过工艺要求，但是依旧可能被后续工序修正的概率。

2.2.3 工艺可靠性功能关联模型

工艺可靠性功能关联模型仍然以单个工序的加工符合要求为保障目标，主要针对机械制造过程中设有检验工序（工序检验或工步检验）的情况，其工艺可靠性功能关联模型如图 2-3 所示。

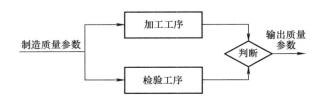

图 2-3　工艺可靠性的功能关联模型

图 2-3 中的判断模块执行对两个工序功能的判断，然后根据判断结果计算工艺可靠度。由于加工工序和检验工序均有正常工作和故障这两种情况，$P^{(1)}$ 代表

加工工序正常工作的概率，$P^{(2)}$ 代表检验工序正常工作的概率，根据功能关系可以计算该工序的工艺可靠度：

1. 加工工序正常，检验工序正常

此时，整个制造过程的加工符合要求，其工艺可靠度为

$$P_1 = P^{(1)}P^{(2)} \tag{2-3}$$

2. 加工工序故障，检验工序正常

此时，加工工序的加工不符合要求，但是可以通过检验工序检出，避免了将加工不符合要求的产品交给用户，但是制造过程的加工从整体来讲是不符合要求的。

3. 加工工序故障，检验工序故障

此时，加工工序的加工不符合要求，而且检验工序也发生了故障，因此制造过程的加工从整体来讲仍然不符合要求。

4. 加工工序正常，检验工序故障

此时，加工工序的加工符合要求，而检验工序的故障导致检验结果可能存在错判。检验工序的故障可能导致产生两种检验结果：一种可能的结果是报告加工工序不符合要求；第二种可能的结果是报告加工工序符合要求。因此，如果出现第一种结果，则会导致合格的产品被拒绝交给用户，制造过程的加工从整体来讲仍然不符合要求；如果出现第二种结果，则是加工合格的产品通过了检验，产品交给用户，制造过程的加工从整体来讲符合要求。设检验工序出现第二种可能的概率为 P_2，此时机械制造的工艺可靠度为

$$P_2 = (1 - P^{(1)})(1 - P^{(2)}) \tag{2-4}$$

因此，在加工工序和检验工序的功能关联模型中，机械制造的工艺可靠度为

$$P = P_1 + P_2 = P^{(1)}P^{(2)} + (1 - P^{(1)})(1 - P^{(2)}) \tag{2-5}$$

2.2.4 工艺可靠性混联模型

将工艺可靠性顺序关联模型与工艺可靠性串联模型融合到一起，即工艺可靠性混联模型，其可靠性框图如图 2-4 所示。假设制造质量参数 x_m 由建造过程质量参数 α 和 β 在装配工序 $h+1$ 下完成的，则相应的工艺可靠度 $P(x_m)$ 可以表示为

$$P(x_m) = P(\alpha)P(\beta) \cdots P(x^{(h+1)}) \tag{2-6}$$

式中，$P(\alpha)$ 和 $P(\beta)$ 分别为建造过程质量参数 α 和 β 满足要求的概率，可由工艺可靠性顺序关联模型求出。

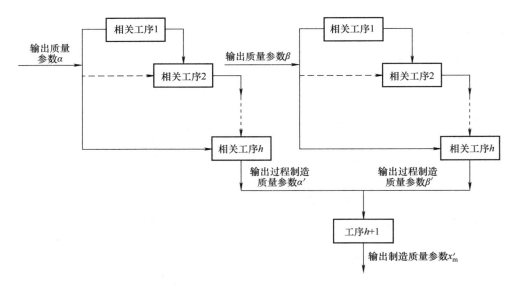

图 2-4　工艺可靠性混联模型

2.3　本章小结

由于产品的可靠性指标是在加工过程中形成的，因此加工过程是否符合工艺规范最终决定了产品的可靠性指标。因此，工艺可靠性建模的前提条件是确定那些决定产品可靠性指标的关键工序。在此基础上，为了确定这些关键工序对机械制造工艺可靠性的影响，本章根据关键工序之间的逻辑关系及其对机械制造工艺可靠性的影响建立了机械制造的工艺可靠性模型，并给出了相应的工艺可靠度的计算方法。

第 3 章 船用柴油机机身加工工艺 PFMECA 与关键特征确定

船用柴油机机身作为船用柴油机的关键和重要零部件（简称关重件），其尺寸大、结构复杂，对于曲轴、凸轮轴等孔系的尺寸和形状与位置精度要求高，因此需要良好的加工工艺来保证机身加工质量。然而，机身加工工艺复杂，工序繁多，对全部工艺进行详细分析存在很大难度，需要筛选出其中的关键工序加以分析。因此本章首先对机身加工工艺过程进行分析，从而确定机身加工的关键工序，再采用 5M1E 分析法对机身加工质量的关键影响因素进行分析，最后使用可靠性分析方法中的过程故障模式、影响及危害性分析（PFMECA）方法对关键工序进行分析，以确定机身加工工艺的薄弱环节，为后续进一步开展机身加工工艺可靠性评估奠定基础。

3.1 船用柴油机机身加工工艺过程

机身是船用柴油机零件中结构较为复杂的大型箱体类零件，其技术要求和加工精度要求高，工艺过程复杂。一般船用柴油机机身分为箱形和 V 形结构，图 3-1 所示机身模型为典型的 V 形结构。机身通常都是由球墨铸铁整体铸造或焊接制成，采用龙门式结构，以保证足够的刚度。在铸造后要对机身进行退火热处理，之后划线准备后续加工，主要配合的平面和关键孔系为船用柴油机机身的主要加工位置。机身的加工方法较为统一，定位基准选择较为简单。

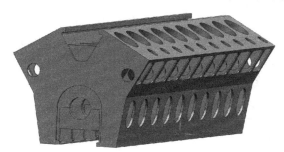

图 3-1 机身三维模型

机身三维简化模型如图 3-2 所示，其特征主要有顶面、底面、曲轴孔、凸轮轴孔、气缸孔等。

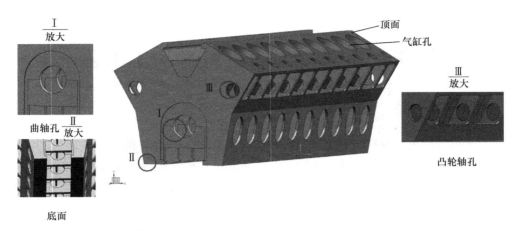

图 3-2　某型柴油机机身三维简化模型示意图

船用柴油机机身加工主要以关键孔系为基础，关键孔系为缸孔、曲轴孔及凸轮轴孔。其他工序主要由这三大孔系的加工要求展开。机身加工的工艺安排基本上遵循了"先粗后精，先大后小，基准统一"的原则。在粗加工定位时，不能只依靠夹紧力使工件固定，由于在之后的精加工过程中加工精度要求更高，因此要更加注意加工基准的选择。如果只选择机身顶面和底面定位，就会使累积误差更大，所以船用柴油机机身加工选择曲轴孔的中心线作为加工基准来加工各轮系孔，以此提高加工精度，减少累积误差。

船用柴油机机身的加工流程主要可分为铸造成型、机械加工、检验测试等阶段，每一个阶段又可以细分成多道工艺环节，并且每道工艺环节的加工环境、装夹方式、加工方法及公差要求各不相同。

船用柴油机机身加工工艺包括工艺流程的安排、工艺间的衔接、工序加工手段的选择等。选择的工艺流程、工艺参数、工艺设备等的正确性和合理性影响着产品的质量特性。加工工序定义了工序中各加工特征和质量特性的关系，为加工过程数据采集网络搭建和质量传递网络建模提供了节点关系基础。船用柴油机机身机械加工工艺主要分为面和孔的加工，某型号船用柴油机各工序的加工内容、主要加工技术要求见表 3-1。

表 3-1　某型号船用柴油机各工序的加工内容、主要加工技术要求

工序号	工序名称	主要加工技术要求
0	铸坯	
3	所有毛坯面喷涂 PWA-002 防锈剂（1∶1 稀释），加工过程中每天检查防锈情况，终检前每隔 5 天喷涂一次	
4	铣铸造主油道工艺搭子与毛坯面接平	

(续)

工序号	工序名称	主要加工技术要求
5	划线并检验毛坯	
10	粗铣底面、顶面	保证加工完成后底面和顶面分别留有15mm和10mm的余量
15	粗铣轴承开档、哈夫面及开档宽度；粗铣曲轴观察窗口面、自由端窗口面	保证加工完成后，各面均留有5mm余量
20	粗铣两侧气缸孔面、两侧凸轮轴观察窗口面	保证加工完成后，各面均留有5mm余量
25	划工序加工线	
30	粗铣气缸孔、粗铣两端面	保证加工完成后，端面和缸孔均留有5mm余量
35	粗镗凸轮轴孔	保证加工完成后，凸轮轴孔留有5mm余量
60	钻孔取样；用刀具检查（以下简称刀检）曲轴开档宽度、粗镗曲轴孔、铣油槽、铣瓦槽、精铣哈夫面、轴承面开档两侧面；钻主轴承螺栓孔底孔、钻油孔	保证加工完成后，曲轴孔留有5mm余量；哈夫面及轴承面开档两侧面表面粗糙度为$Ra1.6\mu m$；哈夫面平面度误差为0.02mm，开档两侧面平行度误差为0.02mm，哈夫面与开档两侧面的垂直度误差为0.02mm
65	精铣曲轴观察窗口面、自由端窗口面、冷却液腔平面；刀检曲轴观察窗口、自由端窗口；钻攻曲轴观察窗口面孔、液腔平面孔及两端面液试用螺孔；钻镗两侧横向螺栓孔	保证曲轴观察窗口面、自由端窗口面表面粗糙度为$Ra3.2\mu m$及各加工要素尺寸
70	精铣顶面、冷却液腔止口面；预钻冷却液腔止口面螺孔和顶面孔系	保证顶面平面度误差为0.2mm，表面粗糙度为$Ra3.2\mu m$
105	精铣底面、精镗曲轴孔、精铣两端面、粗精镗自由端传动孔系；预钻底面孔系	保证底面平面度误差为0.08mm，与曲轴孔的平行度误差为0.08mm，表面粗糙度为$Ra3.2\mu m$；保证曲轴孔尺寸为$\phi 313H6$，全长同轴度误差为0.08mm，相邻两档同轴度误差为0.03mm，相邻三档同轴度误差为0.05mm，表面粗糙度为$Ra1.6\mu m$；端面平面度误差为0.03mm，同曲轴孔的垂直度误差为0.01mm/100mm，表面粗糙度为$Ra3.2\mu m$；自由端传动孔系满足设计尺寸

（续）

工序号	工序名称	主要加工技术要求
110	精铣缸孔面，半精镗精镗缸孔，钻缸盖螺栓孔底孔；刀检缸孔面窗口，预钻缸孔面孔系	缸孔面平面度误差为 0.2mm，表面粗糙度为 $Ra3.2\mu m$；上缸孔满足尺寸要求为 $\phi 340H7$，下缸孔满足尺寸要求为 $\phi 338H6$，上下缸孔同轴度误差为 0.025mm，圆柱度误差为 0.02mm，同曲轴孔垂直度误差为 0.02mm/100mm，表面粗糙度误差为 $Ra3.2\mu m$
113	精铣两侧凸轮轴窗口面并钻孔；刀检凸轮轴窗口	保证凸轮轴窗口面表面粗糙度为 $Ra3.2\mu m$
115	精镗两列凸轮轴孔	凸轮轴孔满足尺寸要求为 $\phi 240H6$；同轴度误差为全长 0.08mm，相邻两档为 0.03mm，相邻三档为 0.05mm
155	装滑油插管，胀管插管，管道油压试验	

注：1. 开档、哈夫面等为柴油机行业的行业用语，具体可参考图 7-1。
    2. 刀检指用刀具来检查的意思，即为了减小柴油机机身的制造误差，避免在装配和使用中产生干涉，因此在加工过程中用刀具进行检查。

根据加工工艺规程可以看到柴油机机身加工过程所需要的设备、刀具及夹具类型，从而进一步获取设备精度、刀具寿命和夹具精度等信息，为后续加工过程状态描述提供数据支持。柴油机机身加工工艺系统详细信息见表 3-2。

表 3-2 柴油机机身加工工艺系统详细信息

工序号	加工设备型号	刀具型号	刀具信息	夹具型号
0				
3				
4	X2120/5	面铣刀	$\phi 250mm$ 标准	
5	三坐标划线机			
10	XH0507	面铣刀	$\phi 400mm$ 标准	26°角铁组及压紧装置
15	XHA2125×80	面铣刀	$\phi 315mm$ 标准，$\phi 250mm$ 标准	26°角铁组及压紧装置
20	X2120/5	面铣刀	$\phi 250mm$ 标准	单个 26°角铁及压紧装置

第3章 船用柴油机机身加工工艺 PFMECA 与关键特征确定

（续）

工序号	加工设备型号	刀具型号	刀具信息	夹具型号
25	三坐标划线机			
30	X2120/5	镗刀；面铣刀	φ330mm 标准（上缸孔），φ328mm 标准（下缸孔）；φ250mm 标准	单个26°角铁及压紧装置
35	6500AG	镗刀	φ230mm PF00-31-006S	单个26°角铁及压紧装置
60	6500AG	面铣刀，球头铣刀，镗刀	φ315mm、φ250mm H33-033S，SR12 PF00-33-001S φ318mm PF00-31-006S	26°角铁组及压紧装置
65	MP212HS	面铣刀，玉米铣刀，棒铣刀，立铣刀	φ250mm 标准，φ80mm 标准，φ40mm 标准，φ20mm 标准	26°角铁组及压紧装置
70	XHA2125×80	面铣刀，面铣刀，立铣刀	φ250mm H33-033S，φ60mm 标准，φ5mm 标准	压紧装置
105	6500AG	面铣刀，玉米铣刀，镗刀	φ315mm H33-033S，φ80mm 标准，φ313mm PF00-31-001S，标准	26°角铁组及压紧装置
110	6500AG	面铣刀，棒铣刀，球头铣刀，镗刀	φ250mm、φ80mm 标准，φ20mm 标准，SR20 标准，φ340mm、φ338mm 标准	单个26°角铁及压紧装置
113	MP212HS	面铣刀，玉米铣刀	φ250mm 标准，φ80mm 标准	单个26°角铁及压紧装置
115	6500AG	镗刀	φ240mm PF00-31-005S	单个26°角铁及压紧装置
155				

3.2 基于 5M1E 分析法对柴油机机身加工质量关键影响因素分析

在柴油机机身加工中，对机身质量产生影响的因素有很多，对每一个影响机身加工质量的因素进行分析工作量巨大、成本高。因此，在进行详细分析之前，先采用5M1E分析法从人、机、料、法、环、测六个方面针对影响柴油机机身加工质量的因素进行研究，以尽可能地减少后期分析工作的工作量，其中人（man/manpower）指操作者对质量的认识、技术熟练程度、身体状况等；机（machine）指机器设备、工具和夹具的精度及维护保养状况等；料（material）为材料的成分、物理性能和化学性能等；法（method）包括加工工艺、工装选择、操作规程等；环指环境（environment），即工作地的温度、湿度、照明和清洁条件等；测（measurement）指测量时采取的方法。

操作人员在柴油机机身加工的过程中起到了决定性的作用，人员的因素对机械加工的影响是最难掌握的，也是最难估计的。一般由操作人员失误导致质量问题的原因主要有：质量意识差、操作时粗心、不遵守操作规程、操作技能低、技术不熟练及由于工作过于简单而导致的厌烦心理等。人为因素的影响是无法消除的，不过可以通过一系列的规章制度大幅降低人为因素的影响。

设备是否正常运作，使用工具的好坏都会对生产进度、产品质量产生影响。在柴油机机身加工中，机床设备如铣床、镗床等是否定期及时点检、保养和维护，工具和夹具的精度是否能够得到保证，切削刀具是否与机身材料的力学、物理和化学性能相匹配等问题都会对机身加工质量产生影响。在机身加工过程中，刀具材料为硬质合金，它具有硬度高、耐磨、强度和韧性较好、耐热、耐蚀等一系列的优良性能，而机身材料为球墨铸铁 QT500－7，切削性能尚好，刀具材料与工件材料相匹配。对于设备因素造成的影响，可以通过加强设备维护和保养、定期检测设备的关键精度和性能项目、建立设备关键部位日点检制度、对工序质量控制点的设备进行重点控制、选择与机身材料性能相匹配的刀具等方法来减小设备因素对机身加工质量的影响。

机身通常为球墨铸铁整体铸造或焊接制成，属于铁素体球墨铸铁，强度与韧性中等，切削性能尚好。机身在铸造和热处理时，会受到温度的影响，使铸件在冷却过程中，由于冷却速度的不同，导致尺寸变化受阻，产生残余应力。因此机身在铸造后要进行退火热处理工艺，退火过程会改变机身残余应力的分布情况，同时在冷却过程中会引入新的残余应力，再加上粗加工的加工余量比较大，铸件内部存在的复杂应力会在机械加工后造成新的分布，对机身的加工质量产生影响。因此，为了控制铸件残余应力的产生，需要严格按照机身铸造和热处理工艺要求，控制工艺参数。

在生产过程中需要遵守的规章制度，即加工方法、工艺参数和工艺装备等应正确和合理。常用的机械零件加工方法有车削、钻削、镗削、刨削、拉削、铣削和磨削等。这些加工方法的加工原理有着许多的共同之处，不过由于切削形式的不同，所用的机床和刀具也不同，因此需要在其不同的工艺特点和应用范围的基础上针对不同的需求选择合适的加工方法。工艺参数主要指的是切削速度、进给量及背吃刀量等切削用量。提高切削速度可以缩短切削时间，提高生产率，并且几乎不影响工件的表面粗糙度。但是切削速度的增大会使切削温度明显升高，产生热膨胀和热变形，对机身孔系的影响比较大。当主轴转速超过极限值或者在更高的转速下进行加工时，会引起切削温度的升高，工件的离心力变大，可能会引发数控机床的振动，但是如果主轴转速在常用转速范围内，则对加工质量的影响不大。进给量与工件变形区的变形量有直接关系，当进给量较小时，变形量也较小，进给量大小的选择会直接影响机身的加工质量。在对机身进行粗加工时，为了追求较高的加工效率，除留下精加工的余量外，应选择较大的背吃刀量，通过

第3章 船用柴油机机身加工工艺 PFMECA 与关键特征确定

较少次数的走刀完成对余量的切除,最好通过一次走刀切除全部余量。

在机械制造过程中,对生产环境的要求比较高,工厂的温度、湿度及清洁程度都会对产品质量造成影响。在加工过程中,机床受车间环境温度,如电动机发热和机械运动摩擦发热、切削热等的影响,造成机床各部件的温升不均,导致机床形状精度及加工精度变化。环境温度会影响加工机械本身的精度,机床的热胀冷缩也会引起机床精度的变化,导致机身精度和质量受到影响。

机械加工产品的内在特性通过加工过程实现,在产品的加工完成后,需要经过测量系统获得质量特征值,通过对质量特征值的分析确定是否符合质量标准,从而发现工序过程存在的质量问题。测量系统本身的精度对产品和工序质量的度量有很大的影响,并且组成测量系统的各个要素对测量系统也有很大的影响。在对加工出的机身进行测量时,需要选择合适的计量器具,并要对计量器具进行定期校准、调整。

通过上述从人、机、料、法、环、测六个方面对机身加工质量的分析,可以得知人员因素、材料因素及测量因素都可以通过一系列的措施来消除或降低其对加工质量的影响。而另外三个方面所产生的随机误差,即设备、方法与环境所产生的影响是随机的,它们最终对机身加工质量的影响显著。因此,对机身加工进行过程故障模式与影响分析时应重点从设备、方法(工艺流程/参数/装夹等)与环境(随机变量/设备机床)三方面进行分析。

3.3 柴油机机身系统定义及加工关键工序确定

在工艺过程 PFMECA 前需对分析对象进行定义。柴油机机身是柴油机的基础部件,它将柴油机的一些轴、套、轴承等有关零件装配起来,使其保持正确的相互位置关系,以完成所规定的运动。

"柴油机机身特性—工艺矩阵"的建立是为了表示机身特性与工艺操作各工序之间的关系,其目的是全面考虑被分析的机身相关特性与工艺操作中各工序之间的直接或间接关系,其关系在矩阵中以勾选方式呈现。柴油机机身特性—工艺关系矩阵表见表 3-3。

表 3-3 柴油机机身特性—工艺关系矩阵表

部件特性	工艺操作过程													
	0	5	10	15	27	30	35	70	75	95	110	113	115	155
曲轴孔尺寸精度					●				●	●				
曲轴孔表面粗糙度					●				●	●				
曲轴孔圆柱度					●				●	●				
各曲轴孔同轴度					●				●	●				

（续）

部件特性	\multicolumn{14}{c}{工艺操作过程}

部件特性	0	5	10	15	27	30	35	70	75	95	110	113	115	155
气缸孔尺寸精度						●							●	
气缸孔表面粗糙度						●							●	
气缸孔止口深度						●							●	
气缸孔对曲轴孔的垂直度					●	●			●		●			
各凸轮轴孔同轴度							●					●		
曲轴孔同凸轮轴孔的平行度					●						●	●		
顶面平行度			●					●			●			
顶面表面粗糙度			●					●			●			
顶面至曲轴孔中心线的尺寸公差			●		●			●			●			
顶面对曲轴孔的平行度			●		●			●			●			

目前机身质量可靠性问题主要集中在：①曲轴孔、凸轮轴孔同轴度加工后受应力应变影响超差；机身端面高精度传动孔系的孔距很难保证，这些问题直接影响了发动机的整体性能；②机身生产工位多，周期长，尺寸超差、螺纹乱扣和漏检错检人为现象也时有发生，这些问题影响了机身本身的质量可靠性。

因此在选择重点工艺环节时，需要从以下三个角度进行选择：该工序中可能存在对后续加工或对最终客户造成较大影响的特征；该工序中存在难以检测加工质量的特征；该工序中存在加工难度较大的特征。为保证后续加工的各主要表面有合适的加工余量，并且能保证装入机身的运动件如曲轴、连杆等与机身内壁有足够的间隙，常常将两端的曲轴孔及气缸孔作为机身加工的粗基准。另外，对于船用柴油机机身来说，其主要加工表面是机身顶面、底面、曲轴孔、气缸孔、凸轮轴孔等，因此涉及这几个特征的加工工序可以考虑作为关键工序。结合表3-3的分析可知机身部件特性主要体现在曲轴孔、气缸孔、凸轮轴孔及顶面的公差与精度要求上，应选择涉及部件特性较多的工序作为关键工序，故选择工序110、工序113和工序115作为关键工序，对这3道工序开展故障模式与影响分析。

3.4 基于PFMECA的柴油机机身关键特征确定

3.4.1 PFMECA方法介绍

柴油机机身加工复杂，特征众多，选择常用可靠性分析方法中的工艺故障模式、影响及危害性分析（process failure model, effect and criticality analysis, PFMECA）方法对重点工序开展分析与评估。PFMECA 实质是针对产品在生产过程中每道工序可能发生的故障模式、故障原因及其对后续工序、组件和装备的所有影响，按照故障模式的风险优先数值大小，对工艺薄弱环节指定改进措施，从而提高产品的可靠性。

对各关键工序开展 PFMECA，具体过程为：
1）确定各工序所有可能发生的故障模式。
2）确定所有可能导致某一故障模式发生的故障原因。
3）描述各故障模式对下道工序、组件及装备的影响。
4）评估各故障模式发生的严酷度等级。
5）评估各故障模式的每一故障原因的发生概率等级和探测度等级。
6）将严酷度等级、发生概率等级和探测度等级三者的乘积作为风险优先数。
7）挑选出风险优先数值极高的故障模式。
8）针对风险优先数极高的故障模式提出相应的改进方法。
9）重新评估故障模式的严酷度等级、发生概率等级和探测度等级。
10）重新计算风险优先数，判断改进措施是否有效。

3.4.2 风险优先数计算方法

在加工过程开始之前或者加工过程进行中，首先应确定各个工序中潜在的失效模式、失效导致的后果、后果的严重程度、人因失误机理等。其中最主要的因素有故障模式、故障影响、严酷度（S）、发生度（O）、探测度（D）及风险优先数（RPN），最后通过风险优先数的比对，确定相应失效模式的危害性程度。

1. 故障模式及影响分析

故障模式是指不能满足工艺要求和设计意图的缺陷，它也可能是上一故障模式导致的后果或下一故障模式发生的原因，本文主要考虑柴油机机身加工工艺关键工序的故障模式。故障影响是指故障模式对"客户"的影响，"客户"可以是下道工序，也可以是最终的使用者。故障影响在本文中主要分为对下道工序、组件和装备的影响。为了使分析结果全面客观，在分析机身加工各故障模式及其故障原因时要尽可能地将所有可能都列出来；在描述各故障模式的影响时，不能只考虑该故障模式对下道工序或后续工序的影响，还要考虑到该故障模式对组件和对最终柴油机成品的影响。

2. 工艺故障模式严酷度

工艺故障模式严酷度是指故障模式影响的严重程度，其具体评定标准见表 3-4。

表 3-4　工艺故障模式严酷度（S）评定标准

影响程度	最终影响 （对最终使用者而言）	最终影响 （对下道工序/后续工序而言）	严酷度 等级
无警告的 严重危害	柴油机的潜在失效模式在无警告的情况下影响安全运行；涉及不符合政府法规的情形	无警告的情况下造成生产人员的死亡；造成贵重设备的损坏；生产材料损失巨大；造成非常重大的环境损害	10
有警告的 严重危害	柴油机的潜在失效模式在有警告的情况下影响安全运行；涉及不符合政府法规的情形	有警告的情况下造成生产人员的死亡；造成贵重设备的损坏；生产材料损失巨大；造成重大环境损害	9
很高	柴油机功能基本丧失；达不到性能要求；客户直接拒收	生产人员遭受巨大身体或心理损伤；贵重设备遭受严重损坏，局部报废；生产材料有很大损失；生产停滞，不能及时交付；造成非常严重的环境损害	8
高	柴油机性能质量不稳定；用户使用时发现不能满足使用要求，要求退换货处理；用户非常不满意	危及生产人员安全；延误生产计划的完成；贵重设备受到较大损伤，需要送到专门修理厂进行修理，修复成本巨大；生产材料有较大损失；造成严重的环境损害	7
中等	柴油机能满足使用要求，但轻度不符合采购合同中的技术要求，需降级接受	普通设备受到较大损伤，需要送到专门修理厂进行修理，修复成本较大；生产材料受到一般损失；延误生产计划的完成；造成中高等环境损害	6
低	柴油机能基本满足使用要求，但外观、操作方便性有所下降，顾客使用时有较强感觉	普通设备受到损伤，要搬离生产线就地修理，修复成本中等；有较小的生产材料损失；产生非计划内的返工，但不影响生产进度；造成中等环境损害	5
很低	配合不顺畅，外观不协调；多数顾客（75%以上）能发觉缺陷	普通设备受到损伤，要搬离生产线就地修理，修复成本较少；有轻微生产材料损失；产生非计划内的返工，但不影响生产进度；造成中低等环境损害	4
轻微	配合不顺畅，外观不协调；50%的顾客能发觉缺陷	普通设备受到损伤，但仍可使用，只是影响使用寿命；有很小的生产材料损失；产生非计划内的返工，但不影响生产进度；造成轻微的环境损害	3
很轻微	配合不顺畅，外观不协调；25%的顾客能发觉缺陷	普通设备受到轻微损伤，但仍可使用，只是影响使用寿命；有极小的生产材料损失；产生非计划内的返工，只需要在当前工位上返工；造成极轻微的环境损害	2
无	无可分辨出的影响	对生产者无影响或仅有轻微不便	1

3. 工艺故障模式发生度

工艺故障模式发生度是指某个故障模式发生频度的评分，其具体评分标准见表3-5。

表3-5 工艺故障模式发生度（O）评分标准

发生失效的可能性	柴油机机身加工	频度
很高（持续发生）	一周内发生过；每天岗前会议反复强调的内容；工程技术人员在操作员加工过程中边做边检查的内容	10
很高（持续发生）	一个月内发生过；每天岗前会议强调的内容；工程技术人员在操作员加工过程中每隔一段极短时间检查一次的内容	9
高（经常发生）	一个季度内发生过；每周岗位总结会议反复强调的内容；工程技术人员在操作员加工过程中每隔一段短时间检查一次的内容	8
高（经常发生）	一年内发生过；每周岗位总结会议强调的内容；工程技术人员在操作员加工过程中每隔一段中等时间检查一次的内容	7
中等（偶尔发生）	5年内发生过；每季度岗位总结会议强调的内容；工程技术人员在操作员加工过程中每隔一段长时间检查一次的内容	6
中等（偶尔发生）	10年内发生过；每季度岗位总结会议提及的内容；工程技术人员在操作员加工过程中每隔一段极长时间检查一次的内容	5
中等（偶尔发生）	20年内发生过；每年度岗位总结会议强调的内容；工程技术人员在操作员加工过程完成后才检查的内容	4
低（很少发生）	20年以上发生过；每年度岗位总结会议提及的内容；柴油机机身在交付前才被检查的内容	3
低（很少发生）	所有工程师认为此模式基本未发生过，但通过发散性思维，可以想象该模式的发生；很少被提及的内容；很少被检查的内容	2
极低（不大可能发生）	所有工程师认为此模式根本未发生过，也很难想象该模式会发生；从未被提及的内容；未被列入需检查的内容	1

4. 工艺故障模式探测度

工艺故障模式探测度是指故障模式能被探测到的可能性，其具体评分标准见表3-6。

表3-6 工艺故障模式探测度（D）的评分标准

探测度	评分准则	检查方式 A	检查方式 B	检查方式 C	推荐的探测度分级方法	级别
几乎不可能	无法探测			√	无法探测或无法检查	10

（续）

探测度	评分准则	检查方式 A	检查方式 B	检查方式 C	推荐的探测度分级方法	级别
很微小	现行探测方法几乎不可能探测出			√	以间接的检查进行探测	9
微小	现行探测方法只有很小的机会能探测出			√	以目测检查来进行探测	8
很小	现行探测方法只有很小的机会能探测出			√	以双重的目视检查进行探测	7
小	现行探测方法可以探测		√	√	以现行探测方法进行探测	6
中等	现行探测方法基本上可以探测出		√		在产品离开工位后以量具进行探测	5
中上	现行探测方法有较多机会可以探测出	√	√		在后续的工序中实行误差检测，或进行工序前测定检查进行探测	4
高	现行探测方法有很大可能会探测出	√	√		在当场可以探测，或在后续工序中探测	3
很高	现行探测方法几乎肯定可以探测出	√	√		在本工序执行过程中进行误差检测	2
肯定	现行探测方法肯定可以探测出	√			过程/产品设计了防错措施，不会出现失效	1

注：检查方式：A—采用防错措施；B—使用量具测量；C—人工检查。

5. 风险优先数

风险优先数（RPN）是反映工艺故障模式发生的可能性及其后果严重程度的综合指标。其大小为严酷度（S）、发生度（O）、探测度（D）的乘积，即

$$RPN = SOD \tag{3-1}$$

风险优先数值越大，则该工艺故障模式的危害性就越大，也就意味着该工序中发生此故障模式的特征为关键特征。

3.4.3 柴油机机身关键特征确定

通过对柴油机机身加工工艺关键工序进行 PFMECA，找出风险优先数（RPN）较大的故障模式，并将它们所对应的工艺特征作为柴油机机身的关键特征。柴油机机身加工工艺关键工序 PFMECA 见表3-7。

表 3-7　柴油机机身加工工艺关键工序 PFMECA

产品名称：柴油机机身			生产过程：机身机械加工			审核：×××			
选用装备：某型号船用柴油机			分析：×××			批准：×××			
工序名称	故障模式	故障原因	故障影响			严酷度 S	发生度 O	探测度 D	风险优先数 RPN
			下道工序	组件	装备				
110 精铣顶面，精镗曲轴孔，精铣底面，精铣两端面及基准边	曲轴孔尺寸超差	精镗背吃刀量不够	增加加工难度	尺寸过小导致曲轴安装后无法转动或转动困难；尺寸过大会发生径向窜动，增加噪声	噪声过大；作业不正常	7	4	3	84
		切削刃磨损尺寸变化					3	3	63
		镗杆刚性不足产生让刀					3	4	84
		机床主轴径向圆跳动过大					3	3	63
		微调进给余量出错					4	4	112
	曲轴孔表面粗糙度超差	镗刀刃口磨损	无	曲轴在运转过程中会导致轴瓦加速磨损	阻力过大；非计划性维修	5	3	3	45
		镗刀几何角度不当					4	3	60
		切削用量选择不当					7	3	105
		没有用切削液或选用不当					2	2	20
		镗刀刚性差，有振动					3	3	45
	曲轴孔圆柱度超差	镗杆送进时发生挠曲变形	增加加工难度	曲轴在运转过程中跳动过大，影响发动机性能	振动过大；作业不正常	5	3	3	45
		床身导轨不平直					2	3	30
		切削速度选择不当					4	3	60
		刀具有磨损					3	3	45
		刀具发生热变形					3	4	60

（续）

产品名称：柴油机机身			生产过程：机身机械加工			审核：×××			
选用装备：某型号船用柴油机			分析：×××			批准：×××			
工序名称	故障模式	故障原因	故障影响			严酷度 S	发生度 O	探测度 D	风险优先数 RPN
			下道工序	组件	装备				
110 精铣顶面，精镗曲轴孔，精铣底面，精铣两端面及基准边	各曲轴孔同轴度超差	镗杆发生挠曲变形	增加加工难度	曲轴抱死或曲轴旋转时因受力不均而产生轴瓦加速磨损或曲轴变形	非计划维修；报废	9	3	3	81
		床身导轨不平直					2	3	54
		床身导轨与工作台配合间隙不当					3	4	108
		加工余量不均匀					3	3	81
		环境温度不合适					6	3	162
		切削参数选择不当					7	3	189
	气缸孔对曲轴孔垂直度超差	设备刚度不足	增加加工难度	改变了原有的压缩比或使各缸活塞的上下止点不一致，导致各缸压缩比不一致	工作性能不稳定；报废	8	2	5	80
		夹紧力选择不当					4	3	96
		镗刀刀具发生磨损					3	3	72
		镗刀刀杆发生变形					3	3	72
		环境温度不合适					6	3	144
		切削参数选择不当					7	3	168
	各曲轴孔和凸轮轴孔平行度超差	镗杆发生挠曲变形	无	导致气门不能正常开启和关闭	作业不正常	7	3	3	63
		工作台与床身导轨不平行					3	4	84
	顶面平面度超差	铣削时夹紧力选择不当	无	影响其他孔的位置精度；导致装配后出现漏油现象	漏油	4	5	3	60
		定位不当					4	3	48
		切削用量选择不当					6	3	72

(续)

产品名称：柴油机机身			生产过程：机身机械加工			审核：×××		
选用装备：某型号船用柴油机			分析：×××			批准：×××		

工序名称	故障模式	故障原因	故障影响			严酷度 S	发生度 O	探测度 D	风险优先数 RPN
			下道工序	组件	装备				
110 精铣顶面，精镗曲轴孔，精铣底面，精铣两端面及基准边	顶面表面粗糙度超差	切削用量选择不当	无	导致密封效果差，动力损失、功率下降，影响使用寿命	漏油	4	6	3	72
		工件装夹不牢固					3	2	24
		铣刀心轴摆动					2	4	32
		铣刀振动					3	3	36
		在工件没有离开铣刀的情况下退刀					3	2	24
	顶面至曲轴孔中心线尺寸超差	铣刀刀具磨损	增加加工难度	导致各缸的燃烧室容积不同，影响平稳运行	作业不正常	5	3	3	45
		铣刀安装后摆动幅度过大					3	3	45
		铣刀刀杆弯曲					2	3	30
		铣刀与刀杆套筒接触的端面不平整或与轴线不垂直					3	3	45
	顶面对曲轴孔平行度超差	铣刀主轴轴向圆跳动	增加加工难度	各缸活塞到达上止点位置有差别，影响平稳运行	作业不正常	5	3	3	45
		铣刀刀盘轴向圆跳动					3	3	45
		工件夹持系统刚性不足					4	5	100
113 精镗凸轮轴孔	各凸轮轴孔同轴度超差	镗杆发生挠曲变形	无	影响润滑油膜的形成与保持，降低运行的平稳性	作业不正常	5	3	3	45
		床身导轨不平直					2	3	30
		床身导轨与工作台配合间隙不当					3	4	60
		加工余量不均匀					3	3	45
		环境温度不合适					6	3	90
		切削用量选择不当					7	3	105

（续）

产品名称：柴油机机身			生产过程：机身机械加工				审核：×××		
选用装备：某型号船用柴油机			分析：×××				批准：×××		

工序名称	故障模式	故障原因	故障影响			严酷度 S	发生度 O	探测度 D	风险优先数 RPN
			下道工序	组件	装备				
113 精镗凸轮轴孔	各曲轴孔同各凸轮轴孔平行度超差	镗孔发生挠曲变形；工作台与床身导轨不平行	无	导致气门不能正常开启和关闭	作业不正常	7	3	3	63
							3	4	84
115 精铣缸孔面，精镗缸孔	气缸孔尺寸超差	精镗背吃刀量选择不当	增加加工难度	导致气缸安装后磨损加剧	噪声过大；非正常维修	6	5	3	90
		切削刃磨损尺寸变化					3	3	54
		镗杆刚性不足产生让刀					3	4	72
		机床主轴径向圆跳动过大					3	3	54
		微调进给余量出错					4	4	96
	气缸孔表面粗糙度超差	镗刀刃口磨损	增加加工难度	加剧气缸壁的磨损	非计划维修	5	3	3	45
		镗刀几何角度不当					4	3	60
		切削用量选择不当					7	3	105
		没有用切削液或选用不当					2	2	20
		镗杆刚性差有振动					3	3	45
	气缸孔止口深度超差	夹紧方式选择不当	增加加工难度	气缸孔止口深度太深会导致气缸盖无法压紧气缸套；气缸孔止口深度太浅会使装配后的气缸盖、气缸套应力太大	漏气、漏水、非计划维修	4	5	4	80
		定位面清洁度不够					4	2	32
		镗杆空行程旋转次数不当					4	3	48
		切削用量选择不当					6	3	72

第 3 章　船用柴油机机身加工工艺 PFMECA 与关键特征确定

(续)

产品名称:柴油机机身			生产过程:机身机械加工			审核:×××			
选用装备:某型号船用柴油机			分析:×××			批准:×××			
工序名称	故障模式	故障原因	故障影响			严酷度 S	发生度 O	探测度 D	风险优先数 RPN
			下道工序	组件	装备				
115 精铣缸孔面,精镗缸孔	气缸孔对曲轴孔垂直度超差	设备刚度不足	增加加工难度	改变原有压缩比或使各缸活塞的上下止点不一致,导致各缸压缩比不一致	工作性能不稳定;报废	8	2	5	80
		夹紧力选择不当					4	3	96
		镗刀刀具发生磨损					3	3	72
		镗刀刀杆发生变形					3	3	72
		环境温度不合适					6	3	144
		切削参数选择不当					7	3	168

　　从船用柴油机机身的 PFMECA 中可以看出,工序 110 中故障模式"各曲轴孔同轴度超差"对应的故障原因"切削参数选择不当""环境温度不合适"及工序 115 中故障模式"气缸孔对曲轴孔垂直度超差"对应的故障原因"切削参数选择不当""环境温度不合适"的 RPN 值很高,且这两种故障模式发生概率较高,故需针对这两种故障模式及其故障原因进行分析。

　　针对工序 110 中故障模式"各曲轴孔同轴度超差"对应的故障原因"切削参数选择不当"及工序 115 中故障模式"气缸孔对曲轴孔垂直度超差"对应的故障原因"切削参数选择不当"的问题:由于在镗削加工中受切削力和切削热的影响,导致机身曲轴孔和气缸孔在加工位置处有大量的热生成,并且由于机身在不同位置壁面厚度不同,由于温度的传导过程,不同位置受温度影响的大小是不同的,壁面较薄的地方受温度影响大,产生的热变形量大;相对的壁面较厚的区域受温度影响较小,受热变形量小。因此,在机身曲轴孔和气缸孔镗削加工过程中,需要选择适当的镗削工艺参数,即需要选择合适的切削速度、背吃刀量和进给速度,基于实际加工过程,切削速度及背吃刀量对于机身曲轴孔和气缸镗削的影响相对较大。同时选择工艺参数时不能只考虑加工精度,也要考虑加工效率,在保证加工效率的前提下,合理控制切削过程的力和热,防止工件受力产生回弹变形,当切削力过大时,工件甚至会产生塑性变形。而且当切削力和切削热耦合作用时,对工件变形的影响更为复杂,尤其是薄壁框架件的加工。所以在一一般生产中，选择合理的工艺参数十分重要。另外，由于机身加工工序是以曲轴孔系为基准，曲轴孔系的加工质量在一定程度上影响了气缸孔对曲轴孔的垂直度，因此保证曲轴孔的加工质量能够有效提升加工时气缸孔对曲轴孔的垂直度。

针对工序110中故障模式"各曲轴孔同轴度超差"对应的故障原因"环境温度不合适"及工序115中故障模式"气缸孔对曲轴孔垂直度超差"对应的故障原因"环境温度不合适"的问题：在加工过程中，机床受到车间环境温度的影响，导致机床精度及加工精度发生变化。因此，将环境温度保持在一个合适的范围之内能够有效提升柴油机机身的加工质量。

对上述风险优先数较大的故障模式及其故障原因重新开展风险优先数评估。由于开展PFMECA的前提是严酷度等级只能通过结构设计来改变，而探测度等级的改变需要通过改变测量方式，因此，调整镗削加工参数和保持合适的环境温度都能降低发生度的等级。经分析，通过调整合适的镗削加工参数和保持合适的环境温度，工序110中"各曲轴孔同轴度超差"的故障原因"切削参数选择不当"的发生度等级由原先的7级降低到3级，风险优先数值由之前的189降低到81，可见调整合适的切削参数能够有效提高曲轴孔同轴度的加工质量。同样，工序110中"各曲轴孔同轴度超差"的故障原因"环境温度不合适"的发生度等级由原先的6级降低到3级，风险优先数值由之前的162降低到81，可见保持合适的环境温度能够有效提高曲轴孔同轴度的加工质量。在工序115中，"气缸孔对曲轴孔垂直度超差"的故障原因"切削参数选择不当"的发生度等级由原先的7级降低到3级，风险优先数值由之前的168降低到72，可见改变切削参数能够有效提升气缸孔对曲轴孔垂直度的加工质量；其另一故障原因"环境温度不合适"的发生度等级由原先的6级降低到3级，风险优先数值由之前的144降低到72，可见保持合适的环境温度能够有效提升气缸孔对曲轴孔垂直度的加工质量。

3.5　本章小结

本章对船用柴油机机身加工工艺过程进行了分析。通过5M1E法分析得到了主要影响柴油机机身加工质量的因素为设备、方法与环境三个方面；在分析机身关键工艺的基础上，使用PFMECA方法分析、评估了机身加工关键工序的加工可靠性。结果表明，各曲轴孔同轴度和气缸孔对曲轴孔垂直度两个方面的加工可靠性较低，加工工艺参数和环境温度是影响其可靠性的关键因素，其中，环境温度通过影响机床精度对加工结果产生影响。研究结果为提升柴油机机身加工质量提供了有力的依据。

第4章　船用柴油机机身加工工艺仿真分析

针对柴油机机身加工变形问题，相关学者进行了大量的研究，研究结果表明影响机身加工变形的因素很多，其中最主要的因素可总结为两方面：其一，机身在铸造、退火和切削加工等工序中都会产生残余应力，在粗加工期间，由于材料的大量去除，机身材料内部的残余应力会持续释放且再次分布，从而导致机身结构产生变形，造成机身尺寸稳定性差；其二，在机身孔系加工阶段，在切削力、装夹力等多应力场耦合作用下机身尺寸会产生微小超差。因此，本章分别针对粗加工材料去除工艺、镗孔加工工艺开展机身加工工艺仿真分析研究，从而确定影响机身孔系变形的关键因素。

4.1　基于"生死"单元技术的粗加工工艺对加工精度的影响

4.1.1　残余应力对机身加工精度影响机理分析

机身通常在工作台上进行加工，在加工过程中材料去除率高、断面形状复杂，受夹具的作用，机身毛坯内的宏观残余应力随着材料的去除其释放受到装夹力限制，因此机身在加工过程中应力达到平衡被限制，但机身内存在强烈的变形趋势，结构尺寸精度处于不稳定状态。一旦卸下夹具，工件内应力会为了达到平衡而使工件发生变形。这种作用在机身粗加工时最为明显，因为粗加工时夹紧力通常比较大，且粗加工过程中材料去除量最大，因此工件内应力释放及重新分布是造成机身变形的重要因素，机身变形量与材料去除造成的不平衡力矩关系密切。

在加工之前，机身内应力分布均衡，因此机身内部断面处的合力与合力矩如下：

$$\int \sigma_r \mathrm{d}A = 0 \qquad (4\text{-}1)$$

$$\int \mathrm{d}M = 0 \qquad (4\text{-}2)$$

式中，σ_r 为残余应力；M 为力矩；A 为截面面积。

随着机械加工的进行，材料去除导致机身内残余应力得到释放，机身内原有的平衡被打破，工件只有通过变形来达到新的平衡，这就是残余应力释放造成机身变形的机理。

4.1.2 基于"生死"单元技术的切削过程建模

机身毛坯材料去除的切削加工过程是一个动态过程,由于机身模型较为复杂,采用 Abaqus 有限元模拟软件中的"生死"单元技术可以代替这一过程,将切削加工材料去除部分设为有限元中去除的单元,在模拟计算时不起作用,从而模拟了工件加工过程,保证了计算过程中的效率与计算后结果的精度。有限元软件在模拟过程中将仿真方程的刚度矩阵乘以较小的减缩因子,使方程中的刚度矩阵失效,最终模拟"单元被杀死"的过程,在仿真过程中,"被杀死的单元"并没有真的从有限元模型中去除。在仿真模拟计算时,单元被"杀死"体现为相应单元的载荷自动变为零,但是载荷数据依旧存在单元载荷的列表中,只是在"杀死"过程中不影响载荷矢量;相似地,在程序中被"杀死"单元的其他与结构相关的参数比如质量、比热容、阻尼也会变为零,其单元的质量属性也不包含在有限元结果文件中,"死"单元的应变等也都变成零。所以,在模拟切削加工之前需要规划好工件的有限元模型,将要去除单元划分排列规则,以方便仿真过程中批量选取。运用软件中"生死"单元技术能够更快、更形象地完成工件在切削工艺过程中切削材料的模拟。如图 4-1 所示,在 Abaqus 中可以批量选取网格单元作为"生死"单元网格,保证仿真模型单元数和节点数相同。

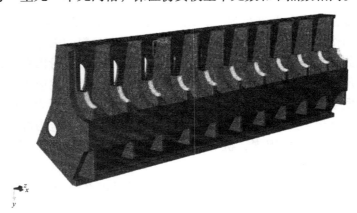

图 4-1　Abaqus 中"生死"单元选取

在实际模拟过程中还会出现被"杀死"单元的约束问题。单元被"杀死"之后,由于刚度很小,它们具有一定的自由度。这会造成求解计算时程序数量太多,使有限元模型中节点位置出现报错,软件计算失败,达不到预想的目的。这种情况常常需要对相应节点位置施加额外约束,然后当重新激活单元运算时,去除额外的约束。对于约束的要求,相关文献也给出了参考,一般情况都需要全部约束。

一般结构运用"生死"单元法进行切削加工数值模拟通常问题不大,既能较好地反映切削过程中材料的去除过程,也能反映工件加工工序的顺序。在有限元模拟软件 Abaqus 中,运用"生死"单元技术,也可以模拟其他工程实际问题,如隧道、建筑物、开矿施工和装配顺序等。

工件中通常存在初始内应力,在仿真模拟中能够用公式来说明,如式(4-3)所示。

$$\boldsymbol{\sigma} = \boldsymbol{DBU} \tag{4-3}$$

式中,$\boldsymbol{\sigma}$ 为划分网格后各单元的应力矢量;$\boldsymbol{D}$ 为单元的系数矩阵;$\boldsymbol{B}$ 为应变 – 位移矩阵;$\boldsymbol{U}$ 为位移矢量。

在相对平面应力分布模型中,系数矩阵 $\boldsymbol{D}$ 如下。

$$\boldsymbol{D} = \frac{E}{1-\nu} \begin{bmatrix} 1 & \nu & 0 \\ \nu & 1 & 0 \\ 0 & 0 & \frac{1-\nu}{2} \end{bmatrix} \tag{4-4}$$

式中,E 为材料的弹性模量;ν 为材料的泊松比。将去除的仿真单元弹性模量 E 乘以减缩因子,系数矩阵 $\boldsymbol{D}$ 与应力矢量 $\boldsymbol{\sigma}$ 全部趋近于零,即实现了单元"死"的过程。而剩下没有被"杀死"单元的应力场分布结果则根据工件初始应力场重新分布而定。相应地,当仿真单元再次激活时,Abaqus 软件将改变有限元模型的刚度矩阵来进行计算。再次激活的单元的性能参数会在随后的计算中起作用,所以在模拟切削过程模型中要同时包括去除部分和未去除部分。

依据机身毛坯的残余应力释放是造成机身切削加工变形的首要因素的理论,把机身毛坯材料分为两个区域:将要切除区域和未被切除区域。机身毛坯在机械加工进行之前存在复杂的应力场,随着后续机械加工工序的进行,机身毛坯材料被破坏,造成其内应力随之释放,打破了机身毛坯初始内应力的均衡分布,最后造成机身发生加工变形。运用有限元仿真软件 Abaqus 对柴油机机身的顶面与底面粗铣切削加工工序和曲轴孔粗镗切削加工工序进行模拟仿真,首先建立机身毛坯初始残余应力场仿真模型,运用"生死"单元技术模拟切削加工过程,在有限元模型中将被去除的部分单元依据工序顺序分步"杀死",选择的约束方式能够使机身产生自由变形,最终求解计算出机身的变形形态。

4.1.3 初始残余应力载荷施加

钻孔法是测试机身残余应力的方法之一,该方法属于半损测试方法,测试过程中会对机身表面形状形成微小破坏,对于船用柴油机机身框架而言,由于机身毛坯初始加工余量预留较大,这种微小的破坏不会对机身后续加工、装配或者使用造成影响。如果采取逐层钻孔法来测试工件残余应力，不但会十分耗时耗力，还会对工件材料造成较大的破坏，从而造成工件材料的浪费。由于各种测试方法所测得的试验数值与有限元模拟值有一定的差距，并且从工件表面向里逐层测试的操作过程较难实现，因此现如今国内外研究人员将工件的热处理数值模拟应力场分布状态当作工件切削加工前的初始应力状态。

运用有限元仿真模拟方法得到机身毛坯退火工艺后的残余应力场基本分布情况，同时采用钻孔法验证了机身毛坯退火工艺后残余应力场分布的合理性，结合工件残余应力的仿真结果与钻孔法的实际测量结果，将有限元仿真中残余应力结果读取出来，从而提取出残余应力仿真结果，然后根据残余应力测量幅值进行修正，对残余应力值进行批量处理，得到机身毛坯的初始残余应力场。对于这种复杂的工程问题，运用修正系数法得到船用柴油机机身毛坯的初始应力场，分析在此应力场状态下由于材料去除应力释放造成的机身实际加工变形状态。

4.1.4 机身粗加工工艺对变形影响分析

为了研究残余应力对机身变形的影响，船用柴油机机身加工变形有限元仿真只考虑了初始残余应力场的作用，而不考虑在切削加工过程中切削力、热应力及装夹系统对其的作用。在 Abaqus 软件中提取退火热处理应力仿真结果，并通过修正系数法处理得到与实际情况相符的初始应力场，并施加到机身仿真单元上，其次运用 Abaqus 中"生死"单元技术，在初始残余应力场作用下，模拟材料去除后应力释放导致的加工变形，仿真得到柴油机机身在顶面和底面粗铣削加工和曲轴孔镗削加工后的变形形状规律和变形数值。

首先结合有限元仿真的残余应力数值结果和试验测得的残余应力结果，通过试验测试结果可知机身初始残余应力最大幅值不超过 150MPa，修正部分位置的应力结果，并在软件中以编辑关键字的方式将该应力场作为机身的初始残余应力场添加到仿真模型当中。约束机身非加工断面位置三个点的自由度，使机身在仿真过程中整体结构能发生自由变形，得到机身受残余应力释放而自由变形的规律，并根据柴油机机身的对称性，在机身断面位置对称约束条件，这样可以节约仿真模拟的计算时间。切削加工过程分为两步分析：第一步是机身顶面和底面粗铣加工；第二步是机身曲轴孔粗镗加工。

根据机身实际的变形情况，主要分析机身竖直方向的变形规律，粗铣平面后柴油机机身断面变形云图如图 4-2 所示。由图 4-2 可知，在粗铣顶面与底面的加工过程中，由于材料的去除，残余应力释放导致机身发生了比较明显的加工变形。

粗镗曲轴孔后柴油机机身断面变形云图如图 4-3 所示，机身最大变形位置发生在底面位置处，在图 4-3 上处于下端中间位置，最大变形量约为 0.82mm，且

图 4-2 粗铣平面后柴油机机身断面变形云图

机身毛坯两端的变形量略有不同，机身中间位置向上鼓，左右两端变形形状向下弯，整体呈"凹凸形"弯曲变形。发生这种变形的原因可能是机身底部位置壁厚较薄，而顶部位置厚度较大，所以底部位置受残余应力影响严重，变形量较大，同时由于残余应力的分布情况，使机身发生此变形规律。

图 4-3 粗镗曲轴孔后柴油机机身断面变形云图

在机身顶部、底部及曲轴孔位置处各取 11 点，监测机身断面竖直方向的变形位移，其结果如图 4-4 所示。

由图 4-4 可以看出，机身整体结构受残余应力影响变形规律为"凹凸"弯曲变形，与实际加工过程中机身加工后出现的直线度问题和关键孔系的位置度问题相符。由于底部位置壁厚较薄，受残余应力作用最大，因此最大变形位置在机身

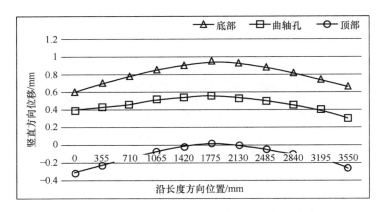

图 4-4　粗加工后机身断面竖直方向的变形位移

底部，变形幅值为 0.6~0.95mm。机身顶部变形最小，机身曲轴孔位置变形幅值为 0.3~0.56mm。

通过上述仿真和试验研究表明：残余应力是造成机身框架件加工变形的主要因素。当残余应力过大或者残余应力分布不均匀时，就会造成机身后续的加工变形。根据得到的机身加工变形规律及相应残余应力下的变形量，对机身加工变形进行预测，依据仿真模拟结果，可对机身毛坯残余应力进行测试，依据测试数值能够预估该机身在加工后的变形量，从而预测机身变形量。

机身需要在实际退火过程中，严格控制退火环境，尤其在冷却过程中，应使工件各部位冷却速度相同、缓慢冷却，从而产生较小的温度梯度，最终使工件初始残余应力较小且分布均匀。残余应力的生成与工件材料有直接的关系，材料的性能严重影响铸造及退火过程残余应力的生成。因此要解决机身加工变形的问题，首先要从机身基础材料与基础工艺方面入手，从机身残余应力生成的源头解决，从而减少诱发后续的切削加工变形。同时，在后续工序中也能够对加工变形进行进一步处理。例如当振动时需要对机身残余应力进行消除与均化，在切削加工过程中也可通过误差补偿等技术控制机身的加工变形。

4.2　基于切削仿真技术的镗孔加工工艺对孔系精度的影响

为提高仿真效率，充分利用各软件的计算优势，机身孔系镗削有限元仿真模型采用 Deform-3D 和 Abaqus 软件相结合的方法。首先在 Deform-3D 中获得镗削工艺参数对应的切削力和切削温度，然后将切削力和温度添加到 Abaqus 模型中，仿真分析孔系在切削力和热作用下的变形规律，从而建立机身加工工艺参数与孔系精度之间的关系。

4.2.1 镗削工艺有限元仿真建模

1. 几何模型

运用三维建模软件 UG NX，建立刀具模型，并导入仿真软件中。工件模型由有限元仿真软件内部生成，包括设定工件的直径和弧度。利用 Deform-3D 软件对曲轴孔镗削过程进行分析，将在 UG 中建立的刀具三维模型以 .stl 格式导出，然后再导入到 Deform-3D 中；工件模型则截取刀具附近材料的外层部分，刀具材料为 WC 硬质合金，刀具几何参数为：前角和刃倾角 -7°、后刀角 -7°、主偏角 90°、副偏角 30°、刀尖圆弧半径 0.3965mm。在建立刀具模型后，配合刀具形成工件，从而构成仿真模型，如图 4-5 所示。

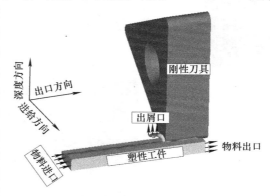

图 4-5 镗削仿真模型

2. 网格建模

图 4-6 所示为刀具与工件的网格模型。刀具以相对方式划分 25000 个网格；工件网格以绝对方式划分，网格最小单元尺寸为工件进给的 30%，控制网格的最大、最小单元尺寸比例为 7。

3. 边界条件

在 Deform-3D 中模拟镗削加工时，对工件的非工作面加以约束限制，设置非工作面的节点速度为 0，即工件固定不动，刀具相对于工件运动。在加工过程中，工件在向周围辐射热量的同时会与周围环境进行热交换，以下为热传导方程：

$$\boldsymbol{KT} + \boldsymbol{C}\dot{\boldsymbol{T}} = \boldsymbol{Q} \tag{4-5}$$

式中，$\boldsymbol{K}$ 为总体热传导矩阵；$\boldsymbol{T}$ 为工件节点温度矢量；$\dot{\boldsymbol{T}}$ 为工件节点温度率矢量；$\boldsymbol{C}$ 为总体热容矩阵；$\boldsymbol{Q}$ 为热量矢量。

由于上述热传导方程中的参数与对应点的位置和时间两个因素有关，无法直接解析该热传导方程。因此，先把时间 t 设为定值，再对泛函在瞬时条件下加以积分，随后再考虑 t 的变化：

$$\boldsymbol{T}_{t+\Delta t} = \boldsymbol{T}_t + [(1-\theta)\dot{\boldsymbol{T}}_t + \theta\dot{\boldsymbol{T}}_{t+\Delta t}]\Delta t \tag{4-6}$$

式中，$\dot{\boldsymbol{T}}_t$ 为 t 时刻的温度场率矢量；$\dot{\boldsymbol{T}}_{t+\Delta t}$ 为 $t+\Delta t$ 时刻的温度场率矢量；θ 为差分因子，其取值范围为 $0 \leq \theta \leq 1$。

4. 接触摩擦

金属切削加工是工件发生弹塑性变形的过程。根据刀具与工件之间的接触关

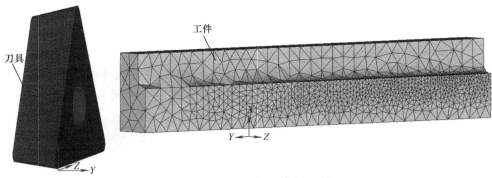

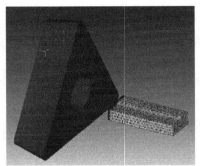

图 4-6 刀具与工件的网格模型

系,在 Deform – 3D 中设置刀具为刚体,工件为柔体,将摩擦类型设置为剪切摩擦。

5. 切屑分离准则

金属切削加工是一个动态的材料去除过程,该过程伴随着切屑的形成。选择合适的切屑分离准则能够保证切削加工顺利进行。根据工件在切削过程中不同的参数变量,有物理分离原理和几何分离原理两种。几何分离原理为比较工件局部变形量的大小来判断切屑是否生成;物理分离原理为加工材料在加工部位的某一物理性能指标是否超过了其极限值来判断切屑是否生成。根据切削需求采用物理分离原理,即在切削过程中,当刀具与工件作用部位的应力值超过材料断裂极限值 0.1MPa 时,则认为工件网格节点破坏,切屑生成。

6. 本构模型

常用金属切削模型的本构模型有:Zener – Holloman 本构模型、Bodner – Partom 本构关系模型、幂函数形式的本构方程、插值本构方程和 Johnson – Cook (J – C) 本构方程。其中,J – C 本构模型以其简单的形式适用于各种晶体结构,也因此受到广泛的应用,该方程为:

$$\overline{\sigma} = (A + B(\varepsilon)^n)\left[1 + C\ln(\frac{\dot{\varepsilon}}{\dot{\varepsilon}_0})\right]\left[1 - (\frac{T - T_0}{T_{melt} - T_0})^m\right] \quad (4-7)$$

式中，A 为材料的屈服强度；B 为应变硬化常数；C 为材料应变速率强化项系数；n 为应变硬化效应；m 为热软化效应；T 为变形温度；T_0 为环境温度；T_{melt} 为材料熔点温度。工件材料为球墨铸铁 QT500 - 7，根据其性能建立相关参数模型。表 4-1 所示为 QT500 - 7 的相关力学性能参数。

表 4-1 工件材料的相关力学性能参数

力学性能参数	数值
抗拉强度 R_m/MPa	500
屈服强度 $R_{p0.2}$/MPa	365
延伸率 δ（%）	10.8
硬度 HRC	200
密度/(g/m³)	7.25
弹性模量/GPa	168
泊松比 μ	0.24
导热率/W·m^{-1}·K^{-1}	35.2
比热容/J·kg^{-1}·K^{-1}	515
热膨胀系数/10^{-6}·K^{-1}	13.2

7. 切削力与切削热输出

在 Deform 的计算过程中，当网格畸变达到一定程度时会自动重新划分畸变的网格，生成新的高质量网格，以提高计算的精度。计算完成后，在后处理模块中输出切削力和切削温度曲线，如图 4-7 和图 4-8 所示，将曲线数值导出从而求得数据的平均值。

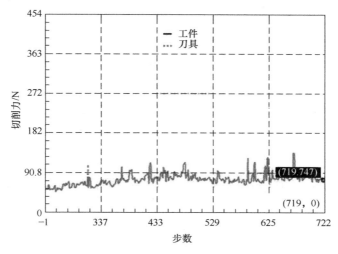

图 4-7 切削力曲线图

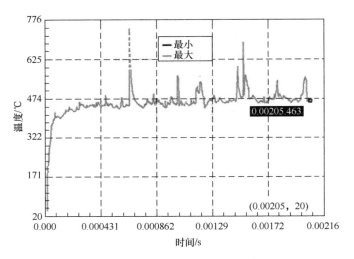

图 4-8 切削热曲线图

8. 切削力和切削热施加

由于机身曲轴孔在加工过程中，有特定的装夹方式，为得到准确的镗削切削变形数据需要考虑机身装夹和重力对其的影响。利用有限元技术进行分析的关键是构建工件的有限元模型。该机身的三维模型结构复杂，壁薄且孔多，在有限元建模之前需要对模型进行简化，去除对结果影响小的复杂区域，如圆角、倒角、细小孔等，得到如图 4-9 所示的机身简化三维模型，以便网格划分和分析计算。

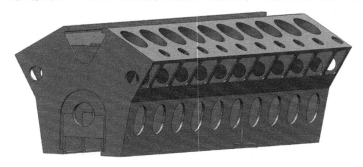

图 4-9 机身简化三维模型

应用有限元软件 HyperMesh 对柴油机机身模型进行网格划分。为增加计算的准确性，将曲轴孔位置划分为六面体网格并局部加密，而其他位置则划分为如图 4-10 所示的四面体网格。将划分后的网格文件导入 Abaqus 软件中，定义机体的材料参数、弹性模量、泊松比、密度、热膨胀系数。考虑到装夹和自重对加工质量存在一定的影响，在机身底部 4 个位置处限制它的 6 个自由度，并施加夹紧压强 57.8MPa，在中间支撑块的两个位置限制 3 个自由度，在 Y 轴正方向设置重力加速度和自身重力载荷。上述工作完成之后,将 Deform-3D 中得到的镗削力和镗削热以静载荷的方式施加到装夹后的工件上,其结果如图 4-11 所示。

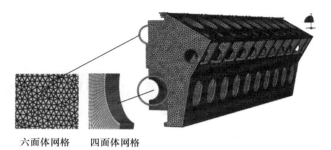

图 4-10　机身有限元网格模型

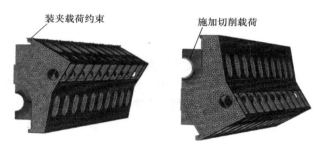

图 4-11　装夹载荷约束与切削载荷施加

4.2.2　镗削工艺参数对孔系精度的影响

当机身曲轴孔镗削加工时,首先需要确定切削刀具、工件的材料,以及确定镗削加工工艺参数,包括主轴转速、背吃刀量和进给速度见表 4-2。

表 4-2　切削条件参数

刀具材料	WC 硬质合金
刀具几何参数	前角: $-7°$;后角: $-7°$;刃口半径: 0.3965mm
切削速度 $v/(\text{r/min})$	150;200;250
背吃刀量 a_p/mm	0.1;0.3;0.5
进给速度 $f/(\text{mm/min})$	20;30;40
工件材料	球墨铸铁(QT500-7)

以柴油机机身加工工艺设定镗削参数为例:切削速度 $v = 200\text{r/min}$;进给速度 $f = 0.4\text{mm/r}$;背吃刀量 $a_p = 0.5\text{mm}$;环境温度 $T = 20℃$。利用 Deform-3D 软件对机身曲轴孔进行切削模拟,待计算完成后,在后处理模块输出的切削温度曲

线如图 4-12 所示。同时输出主切削力随时间变化曲线如图 4-13 所示，将曲线数据导出并筛除掉异常数据，从而得到切削力与切削热的稳态值。

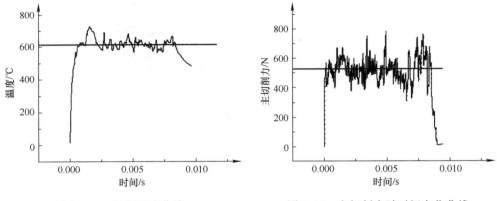

图 4-12　切削温度曲线　　　　　图 4-13　主切削力随时间变化曲线

接下来将 Deform 3D 中切削有限元仿真得到的切削热和切削力以静载荷的方式施加到被装夹的工件上。在实际加工中，此时曲轴孔已经安装有轴承盖，考虑有限元仿真的求解效率，为了获得切削工艺对机身孔系精度的影响规律，将轴承盖转化为受力约束，提交计算得到曲轴孔变形位移云图，如图 4-14 ~ 图 4-16 所示。

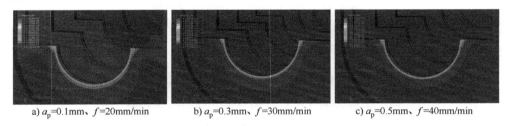

a) a_p=0.1mm、f=20mm/min　　b) a_p=0.3mm、f=30mm/min　　c) a_p=0.5mm、f=40mm/min

图 4-14　主轴转速为 150r/min 的曲轴孔变形位移云图

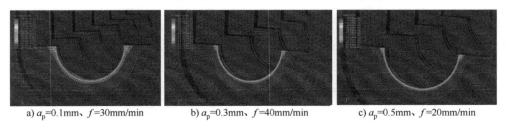

a) a_p=0.1mm、f=30mm/min　　b) a_p=0.3mm、f=40mm/min　　c) a_p=0.5mm、f=20mm/min

图 4-15　主轴转速为 200r/min 的变形位移云图

基于以上有限元仿真方法，结合正交试验设计软件 Minitab15，以曲轴孔镗

第 4 章　船用柴油机机身加工工艺仿真分析

a) a_p=0.1mm、f=40mm/min

b) a_p=0.3mm、f=20mm/min

c) a_p=0.5mm、f=30mm/min

图 4-16　主轴转速为 250r/min 的变形位移云图

削加工中切削速度、背吃刀量、进给速度的变化为三个主要因素，设计三因素三水平 $L_9(3^3)$ 正交试验，得到结果见表 4-3。

表 4-3　镗削正交试验变形位移测量结果

试验号	切削速度/(r/min)	背吃刀量/mm	进给速度/(mm/min)	最大变形位移/mm
1	150	0.1	20	0.0395
2	150	0.3	30	0.0589
3	150	0.5	40	0.1200
4	200	0.1	30	0.0457
5	200	0.3	40	0.0690
6	200	0.5	20	0.0779
7	250	0.1	40	0.0546
8	250	0.3	20	0.0595
9	250	0.5	30	0.0896

对表 4-3 中的试验结果进行均值分析，研究三个因素对曲轴孔变形的影响程度。为了直观地表示出这三个切削参数的影响程度，将其输入正交试验分析软件中进行均值分析，得出均值曲线，如图 4-17 所示，可以得到正交试验的最佳方

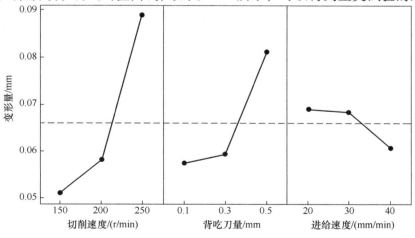

图 4-17　均值曲线图

案是切削速度150r/min，背吃刀量0.1mm，进给速度20mm/min。采用优化后的参数进行有限元仿真得到的最大位移变形量见表4-4，可以发现在优化参数作用下的曲轴孔变形量要小于原始工艺参数作用下的变形量。

表4-4 优化前后最大位移变形量对比

对比项目	切削温度/℃	切削力/N	最大变形位移/mm
原始工艺参数	540	166.5	0.0458
优化结果	452	78.3	0.0364

通过有限元技术和参数优化方法，可以看出在三个切削要素中，背吃刀量 a_p 对变形的影响最大，因为背吃刀量越大切削力和切削热就越大，其次为进给速度 f，影响最小的是切削速度 v，通过均值曲线可以看出在切削加工中，切削速度不宜过小或过大。

4.3 环境温度对孔系加工精度的影响

根据PFMECA的结果，可得出导致关键故障模式风险优先数值大的故障原因都是环境温度不合适及工艺参数选择不当。为准确探求环境温度和各工艺参数对关键特征的影响，采用正交试验设计与均值分析相结合的方法，对曲轴孔镗削开展有限元数值研究及理论分析。

基于有限元仿真方法，以切削速度、背吃刀量、进给量和环境温度四个变量为主要因素，设计四因素三水平 L_9（3^4）正交试验，得到结果见表4-5。

表4-5 正交试验设计与变形位移结果

试验号	切削速度/(r/min)	背吃刀量/mm	进给量/(mm/r)	环境温度/℃	曲轴孔最大变形位移量/mm
1	150	0.3	0.4	15	0.02528
2	150	0.4	0.5	20	0.03073
3	150	0.5	0.6	25	0.03381
4	200	0.5	0.4	20	0.04223
5	200	0.3	0.5	25	0.02779
6	200	0.4	0.6	15	0.03381
7	250	0.4	0.4	25	0.04510
8	250	0.5	0.5	15	0.04752
9	250	0.3	0.6	20	0.03365

为研究上述四个因素对曲轴孔变形的影响程度，对表4-5中的试验结果进行均值分析。为了直观地表示出这四个因素的影响程度，将正交试验数据输入数据分析软件Minitab15中进行均值分析，得出均值曲线，如图4-18所示。

第 4 章　船用柴油机机身加工工艺仿真分析

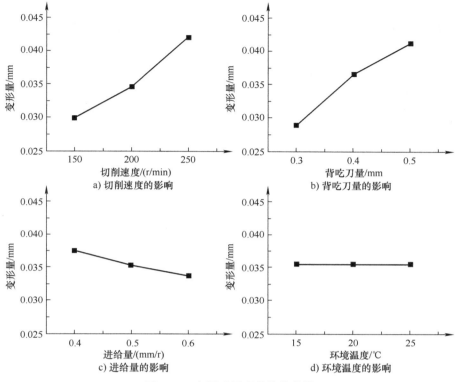

图 4-18　各影响因素的均值曲线

从图 4-18 中可以看出切削速度与背吃刀量对曲轴孔变形的影响较大,进给量对曲轴孔变形存在一定的影响,而环境温度的变化对曲轴孔变形几乎没有影响。这并不意味机身曲轴孔变形与环境温度无关,由于在镗削仿真时只设置了刀具与工件初始温度,没有考虑镗床因环境温度的变化而造成的加工变形。根据已有文献报道,以某型铣床主轴箱为研究对象,利用有限元法建立了不同环境温度作用下的温度场和热变形,分析了不同环境温度对主轴前端的影响,结果表明当环境温度从 20℃ 变化到 32℃ 时,主轴前端的热变形由 0.052mm 变化到 0.187mm。由此可见,环境温度的变化对机床加工精度的影响是非常大的。因此,将环境温度 T、切削速度 v、背吃刀量 a_p 这三个因素作为影响曲轴孔变形的关键影响因素。

4.4　本章小结

本章基于 Abaqus 有限元模拟软件对柴油机机身加工过程进行了建模,得到机身毛坯退火工艺后的残余应力场的基本分布情况,同时采用钻孔法验证了机身毛坯退火工艺后残余应力场分布的合理性;分别对柴油机机身粗加工、镗孔加工过程进行了仿真,结果表明残余应力是造成机身框架件加工变形的主要因素。当残余应力过大或者残余应力分布不均匀时,就会造成机身后续的加工变形;镗削加工中背吃刀量 a_p 对变形影响最大,其次为进给速度 f,影响最小的是切削速度 v,环境温度 T 的变化对机床加工精度有一定影响。因此,选择将环境温度 T、切削速度 v、背吃刀量 a_p 这三个因素作为影响机身孔系变形的关键影响因素。

第5章　关键工艺参数与质量表征参数建模

通过设计相应的试验——对试验数据进行分析，并对关键工艺参数与关键工艺质量表征参数的影响效应进行衡量，采用多种方法建立柴油机机身关键工艺参数与关键工艺质量表征参数的定量关系与预测模型，为工艺可靠性模型的建立奠定基础。

5.1　正交试验设计与分析

在进行试验设计时，需要选择能够客观反映实际情况的试验方案。常用的试验设计方法有中心组合设计、BOX 设计、二次饱和 D - 最优设计、均匀设计、田口设计和正交试验设计等。考虑到船用柴油机机身加工尺寸大、结构复杂且制造成本高，进行大量试验几乎不现实，并且所研究的机身加工工艺可靠性问题涉及切削速度 v、背吃刀量 a_p、环境温度 T 三个因素，而对于多因素、多水平的问题，最佳的试验设计应通过尽可能少的试验次数获得各因素的影响主次关系和最优搭配，正交试验法是利用数理统计学与正交性原理进行合理安排的一种科学方法，其根据正交性从全因素试验中挑选出部分有代表性的方案进行试验，相比普通试验方法的优点在于：在试验安排上尽可能减少了试验的次数，并且能够利用较少的试验数据分析获得较好的结论。因此采用正交试验法以获得机身加工的质量表征参数，其中采用同轴度与垂直度作为机身加工的质量表征参数。

5.1.1　正交试验设计

1. 因素及取值范围

在船用柴油机机身加工中，对机身加工工艺稳定性影响显著的关键工艺参数为切削速度 v、背吃刀量 a_p、环境温度 T，它们的取值范围分别为 $[v_{\min}, v_{\max}]$、$[a_{p\min}, a_{p\max}]$ 和 $[T_{\min}, T_{\max}]$，结合柴油机实际加工情况，将工艺参数的取值范围确定为 $[103.37, 159.77]$、$[0.3, 0.5]$ 和 $[15, 25]$。

2. 确定考查指标

考查指标为机身加工的各质量表征参数即曲轴孔同轴度 ϕ 及气缸孔对曲轴孔的垂直度 $\perp$。

3. 确定因素水平（见表 5-1）

在进行机身加工正交试验设计时，选用的因素 p 有 3 个，分别为切削速度、进给量和环境温度,选用每个因素各 5 种不同水平,选用正交表 $L_{25}(5^3)$,见表 5-2。切削速度的 5 水平分别为 $A_1=103.37\text{m/min}$,$A_2=116.494\text{m/min}$,$A_3=133.136\text{m/min}$,$A_4=149.778\text{m/min}$,$A_5=159.77\text{m/min}$;背吃刀量的 5 水平分别为 $B_1=0.3\text{mm}$,$B_2=0.35\text{mm}$,$B_3=0.4\text{mm}$,$B_4=0.45\text{mm}$,$B_5=0.5\text{mm}$;环境温度的 5 水平分别为 $C_1=15℃$,$C_2=17.5℃$,$C_3=20℃$,$C_4=22.5℃$,$C_5=25℃$。

表 5-1 确定因素水平

项目		A 切削速度 $v/(\text{r/min})$	B 背吃刀量 a_p/mm	C 环境温度 $T/℃$
		$j=1$	$j=2$	$j=3$
水平 i	1	A_1	B_1	C_1
	2	A_2	B_2	C_2
	3	A_3	B_3	C_3
	4	A_4	B_4	C_4
	5	A_5	B_5	C_5

表 5-2 正交试验表的设计

项目		因素			试验结果	
		切削速度 $v/(\text{m/min})$	背吃刀量 a_p/mm	环境温度 $T/℃$	同轴度	垂直度
		$j=1$	$j=2$	$j=3$		
水平 i	1	A_1	B_1	C_1	ϕ_1	$\perp_1$
	2	A_1	B_2	C_2	ϕ_2	$\perp_2$
	3	A_1	B_3	C_3	ϕ_3	$\perp_3$
	4	A_1	B_4	C_4	ϕ_4	$\perp_4$
	5	A_1	B_5	C_5	ϕ_5	$\perp_5$
	6	A_2	B_1	C_2	ϕ_6	$\perp_6$
	7	A_2	B_2	C_3	ϕ_7	$\perp_7$
	8	A_2	B_3	C_4	ϕ_8	$\perp_8$
	9	A_2	B_4	C_5	ϕ_9	$\perp_9$
	10	A_2	B_5	C_1	ϕ_{10}	$\perp_{10}$
	11	A_3	B_1	C_3	ϕ_{11}	$\perp_{11}$
	12	A_3	B_2	C_4	ϕ_{12}	$\perp_{12}$
	13	A_3	B_3	C_5	ϕ_{13}	$\perp_{13}$

(续)

项目		因素			试验结果	
		切削速度 v/(m/min)	背吃刀量 a_p/mm	环境温度 T/℃	同轴度	垂直度
		$j=1$	$j=2$	$j=3$		
水平 i	14	A_3	B_4	C_1	ϕ_{14}	$\perp_{14}$
	15	A_3	B_5	C_2	ϕ_{15}	$\perp_{15}$
	16	A_4	B_1	C_4	ϕ_{16}	$\perp_{16}$
	17	A_4	B_2	C_5	ϕ_{17}	$\perp_{17}$
	18	A_4	B_3	C_1	ϕ_{18}	$\perp_{18}$
	19	A_4	B_4	C_2	ϕ_{19}	$\perp_{19}$
	20	A_4	B_5	C_3	ϕ_{20}	$\perp_{20}$
	21	A_5	B_1	C_5	ϕ_{21}	$\perp_{21}$
	22	A_5	B_2	C_1	ϕ_{22}	$\perp_{22}$
	23	A_5	B_3	C_2	ϕ_{23}	$\perp_{23}$
	24	A_5	B_4	C_3	ϕ_{24}	$\perp_{24}$
	25	A_5	B_5	C_4	ϕ_{25}	$\perp_{25}$

表 5-2 为测量机身加工中曲轴孔同轴度的正交试验表，气缸孔对曲轴孔的垂直度的正交试验表与上表类似。正交试验表的表头设计好之后，将各水平的数值按表 5-2 所示的正交表的要求填入，每一行即是 1 个试验方案。之后按每个方案要求的条件进行试验，把每个方案的试验结果即测量得到的同轴度或垂直度的值填入表格。

5.1.2 正交试验结果极差分析

采用 $L_{25}(5^3)$ 正交试验表，一共试验了 25 次，通过极差分析，找出各关键质量参数 v、a_p、T 对试验结果即同轴度或垂直度的影响关系。在进行极差分析时，首先把每个因素 1 水平下每种方案的试验结果相加；然后把每个因素 2 水平下每种方案的试验结果相加；以此类推，直至每个因素对应的所有水平，将其分别用 K_{ij} 表示，其中 i 为水平，j 为因素，K_{ij} 为第 j 个因素的第 i 个水平下的所有试验结果的和，且 $i=1,\cdots,5$，$j=1,\cdots,3$。把计算结果分别记录在 v、a_p、T 这三个因素下方，为了直观，再分别计算各自的算术平均值 k_{ij}。

接下来计算各因素的极差，切削速度 v 的极差为 E_1。

$$E_1 = \max\{k_{11},k_{21},k_{31},k_{41},k_{51}\} - \min\{k_{11},k_{21},k_{31},k_{41},k_{51}\} \tag{5-1}$$

背吃刀量 a_p 的极差为 E_2。

$$E_2 = \max\{k_{12}, k_{22}, k_{32}, k_{42}, k_{52}\} - \min\{k_{12}, k_{22}, k_{32}, k_{42}, k_{52}\} \tag{5-2}$$

环境温度 T 的极差为 E_3。

$$E_3 = \max\{k_{13}, k_{23}, k_{33}, k_{43}, k_{53}\} - \min\{k_{13}, k_{23}, k_{33}, k_{43}, k_{53}\} \tag{5-3}$$

最后对计算结果进行分析,极差越大的因素其重要程度越高。因此,比较 v、a_p、T 三者的极差大小即可得出三个因素对试验结果的影响主次顺序。

机身加工曲轴孔同轴度正交试验结果见表 5-3,此外除了对残余应力的作用效应进行分析,在加工之前测得残余应力的值亦在表 5-3 中列出;类似的,气缸孔对曲轴孔的垂直度正交试验结果见表 5-4。

表 5-3 曲轴孔同轴度正交试验

试验号	切削速度 v/(r/min)	背吃刀量 a_p/mm	环境温度 T/℃	加工前机身残余应力均值 u/MPa	同轴度 ϕ/mm
	$j=1$	$j=2$	$j=3$		
1	103.37	0.3	15	100.9	0.0463
2	103.37	0.35	17.5	101.2	0.0476
3	103.37	0.4	20	108.1	0.0535
4	103.37	0.45	22.5	128.4	0.0576
5	103.37	0.5	25	147.7	0.0596
6	117.47	0.3	17.5	102.9	0.0548
7	117.47	0.35	20	106.7	0.0524
8	117.47	0.4	22.5	124.7	0.0577
9	117.47	0.45	25	144.3	0.0605
10	117.47	0.5	15	109.3	0.0548
11	131.57	0.3	20	108	0.0531
12	131.57	0.35	22.5	124.1	0.0571
13	131.57	0.4	25	133.4	0.0588
14	131.57	0.45	15	114.3	0.0562
15	131.57	0.5	17.5	142.6	0.0593
16	145.67	0.3	22.5	111.3	0.0558
17	145.67	0.35	25	132.2	0.0594
18	145.67	0.4	15	117.2	0.0572
19	145.67	0.45	17.5	135.5	0.0583
20	145.67	0.5	20	148.6	0.0597
21	159.77	0.3	25	126.4	0.0575
22	159.77	0.35	15	110.1	0.0594

(续)

试验号	切削速度 v/ (r/min) $j=1$	背吃刀量 a_p/ mm $j=2$	环境温度 T/℃ $j=3$	加工前机身残余 应力均值 u/MPa	同轴度 ϕ/mm
23	159.77	0.4	17.5	132.8	0.0542
24	159.77	0.45	20	148.2	0.058
25	159.77	0.5	22.5	149.3	0.0603
k_{1j}	0.05292	0.0535	0.05478		
k_{2j}	0.05604	0.05518	0.05484		
k_{3j}	0.0569	0.05628	0.05534		
k_{4j}	0.05808	0.05812	0.0577		
k_{5j}	0.05788	0.05874	0.05916		
E_j	0.00516	0.00524	0.00438		

表 5-4 气缸孔对曲轴孔的垂直度正交试验

试验号	切削速度 v/ (m/min) $j=1$	背吃刀量 a_p/mm $j=2$	环境温度 T/℃ $j=3$	加工前机身残余 应力均值 u/MPa	垂直度⊥/ mm
1	103.37	0.3	15	100.9	0.0487
2	103.37	0.35	17.5	101.2	0.0438
3	103.37	0.4	20	108.1	0.0469
4	103.37	0.45	22.5	128.4	0.0491
5	103.37	0.5	25	147.7	0.0483
6	117.47	0.3	17.5	102.9	0.0488
7	117.47	0.35	20	106.7	0.0436
8	117.47	0.4	22.5	124.7	0.0468
9	117.47	0.45	25	144.3	0.0512
10	117.47	0.5	15	109.3	0.0517
11	131.57	0.3	20	108	0.0495
12	131.57	0.35	22.5	124.1	0.0506
13	131.57	0.4	25	133.4	0.047
14	131.57	0.45	15	114.3	0.0486
15	131.57	0.5	17.5	142.6	0.0498
16	145.67	0.3	22.5	111.3	0.0493

（续）

试验号	切削速度 v/ (m/min) $j=1$	背吃刀量 a_p/mm $j=2$	环境温度 T/℃ $j=3$	加工前机身残余应力均值 u/MPa	垂直度 ⊥/mm
17	145.67	0.35	25	132.2	0.0481
18	145.67	0.4	15	117.2	0.0513
19	145.67	0.45	17.5	135.5	0.049
20	145.67	0.5	20	148.6	0.0532
21	159.77	0.3	25	126.4	0.0487
22	159.77	0.35	15	110.1	0.0497
23	159.77	0.4	17.5	132.8	0.0493
24	159.77	0.45	20	148.2	0.0508
25	159.77	0.5	22.5	149.3	0.0498
k_{1j}	0.047125	0.05075	0.04875		
k_{2j}	0.04774	0.049	0.04932		
k_{3j}	0.04948	0.04716	0.04852		
k_{4j}	0.0495	0.04826	0.04812		
k_{5j}	0.05034	0.04972	0.0498		
E_j	0.003215	0.00359	0.00168		

接下来计算对应的各因素对曲轴孔同轴度的极差 E_j

切削速度 v 的极差

$$E_1 = \max\{k_{i1}\} - \min\{k_{i1}\} = 0.00516 \qquad (5\text{-}4)$$

背吃刀量 a_p 的极差

$$E_2 = \max\{k_{i2}\} - \min\{k_{i2}\} = 0.00524 \qquad (5\text{-}5)$$

环境温度 T 的极差

$$E_3 = \max\{k_{i3}\} - \min\{k_{i3}\} = 0.00438 \qquad (5\text{-}6)$$

对计算结果进行分析，极差越大的因素其重要程度越高：$E_2 > E_1 > E_3$。因此，对曲轴孔同轴度影响从高到低依次是背吃刀量、切削速度、环境温度。

接下来计算各因素对气缸孔对曲轴孔的垂直度的极差 E：

切削速度 v 的极差

$$E_1 = \max\{k_{i1}\} - \min\{k_{i1}\} = 0.003215 \qquad (5\text{-}7)$$

背吃刀量 a_p 的极差

$$E_2 = \max\{k_{i2}\} - \min\{k_{i2}\} = 0.00359 \qquad (5\text{-}8)$$

环境温度 T 的极差

第 5 章　关键工艺参数与质量表征参数建模

$$E_3 = \max\{k_{i3}\} - \min\{k_{i3}\} = 0.00168 \tag{5-9}$$

由极差分析的结果可知，气缸孔对曲轴孔的垂直度的影响从高到低依次是背吃刀量、切削速度、环境温度。

5.1.3　正交试验结果方差分析

为了估计试验误差即区分试验结果是由 v、a_p、T 三者的水平变化导致还是由试验的随机波动导致，还需要对试验结果进行方差分析。在对正交试验表进行方差分析时，需要估计随机误差。随机误差可以通过在正交表上设误差列得到，由于误差列中不存在因素作用，因此可以用来反映随机因素所引起的误差。方差分析的实质是把实验数据的总波动分解成两个部分：一部分反映因素水平变化引起的波动；另一部分反映试验误差引起的波动。把同轴度或垂直度试验数据的总平方和 $S_总$ 分解为因素的变动平方和 S_j 与误差的变动平方和 S_e。在船用柴油机机身加工中，对表征质量参数与关键工艺参数 v、a_p、T 的正交试验结果进行方差分析。

指标值 M（同轴度、垂直度）的总离差平方和为

$$S_总 = \sum_{k=1}^{n}(M_k - \overline{M})^2 = \sum_{k=1}^{n}M_k^2 - \frac{1}{n}\left(\sum_{k=1}^{n}M_k\right)^2 \tag{5-10}$$

式中，n 为样本总个数；M_k 为第 k 个样本的指标值，$\overline{M} = \dfrac{1}{n}\sum_{k=1}^{n}M_k$。

切削速度 v、背吃刀量 a_p、环境温度 T 对应的离差平方和分别为

$$S_j = q\sum_{i=1}^{q}(k_{ij} - \overline{M})^2 \tag{5-11}$$

$$S_e = S_总 - \sum_{j=1}^{p}S_j \tag{5-12}$$

式中，j 为影响因素的序号索引；p 为影响因素的总个数，$j = 1, \cdots, p$；i 为影响因素的水平索引；q 为各影响因素的水平，$i = 1, \cdots, q$。

S_j、S_e 的大小与它们的自由度大小有关，因此在比较之前需要将它们除以各自的自由度得到变动平方和。本试验的总自由度为

$$f_总 = n - 1 \tag{5-13}$$

切削速度 v、背刀吃量 a_p、环境温度 T 三者的自由度都为

$$f_j = q - 1 \tag{5-14}$$

试验误差的自由度为

$$f_e = f_总 - \sum_{j=1}^{p}f_j \tag{5-15}$$

最后将切削速度 v、背吃刀量 a_p、环境温度 T 三者的平均变动平方和与误差

的平均变动平方和相比，得出 F 值，即 $F = \dfrac{S_j/f_j}{S_e/f_e}$。

F 值的大小反映了各因素水平变化对试验指标影响程度的大小。给定特定的检验水平 α（置信度），从 F 分布表中查找临界值 $F_\alpha(f_j, f_e)$。将各个因素的 F 值分别与上述计算的 F 值做比值，因素的比值越大，则该因素对试验指标的影响越显著。

在方差分析表中，一般作如下规定：若 $F \geqslant F_{1-0.01}(r-1, n-r)$，则称该因素的影响高度显著；若 $F_{1-0.01}(r-1, n-r) > F \geqslant F_{1-0.05}(r-1, n-r)$，则称该因素的影响显著；若 $F_{1-0.05}(r-1, n-r) > F \geqslant F_{1-0.1}(r-1, n-r)$，则称该因素对试验结果有影响；若 $F_{0.1}(r-1, n-r) > F \geqslant F_{1-0.2}(r-1, n-r)$，则称该因素有一定影响；若 $F < F_{1-0.2}(r-1, n-r)$，则称该因素无显著影响。通过正交试验分析，获得不同加工参数对加工质量的相对影响程度，为后续建立响应曲面函数模型奠定了基础。

根据曲轴孔同轴度试验观测值可求得 $S_\text{总} = 0.00032038$。

切削速度 v、背吃刀量 a_p、环境温度 T 的效应平方和分别为

$$S_v = 5\sum_{i=1}^{5}(k_{i1} - \overline{M}) = 8.7482 \times 10^{-5} \tag{5-16}$$

$$S_{a_p} = 5\sum_{i=1}^{5}(K_{i2} - \overline{M}) = 9.1702 \times 10^{-5} \tag{5-17}$$

$$S_T = 5\sum_{i=1}^{5}(K_{i3} - \overline{M}) = 7.7412 \times 10^{-5} \tag{5-18}$$

试验误差的效应平方和 S_e 为

$$S_e = S_\text{总} - (S_v + S_{a_p} + S_T) = 6.5441 \times 10^{-5} \tag{5-19}$$

可得各统计量的值分别为

$$F_v = \frac{S_v/4}{S_e/12} = 4.01 \tag{5-20}$$

$$F_{a_p} = \frac{S_{a_p}/4}{S_e/12} = 4.2 \tag{5-21}$$

$$F_T = \frac{S_T/4}{S_e/12} = 3.55 \tag{5-22}$$

计算可得切削速度的统计量 $F_v = 4.01$，背吃刀量的统计量为 $F_{a_p} = 4.2$，环境温度的统计量为 $F_T = 3.55$。通过 F 值的比较可以看出这三个因素水平的改变对曲轴孔同轴度的影响从高到低依次是背吃刀量、切削速度、环境温度。

类似地，对气缸孔对曲轴孔的垂直度试验数据进行计算，可得切削速度的统计量为 $F_v = 1.58$，背吃刀量的统计量为 $F_{a_p} = 2.25$，环境温度的统计量为

$F_T=0.62$。因此这三个因素水平的改变对气缸孔对曲轴孔垂直度的影响从高到低依次是背吃刀量、切削速度、环境温度,且背吃刀量对垂直度有一定影响。

5.2 响应面法建模与分析

由于机身加工的质量表征参数与关键工艺参数之间的真实关系形式无法获得,因此需要选择一种方法能够将它们的关系近似表达出来。响应面法是一种构建近似模型的方法,该方法通过试验设计,拟合输出变量的全局逼近来代替真实响应面。其优点在于在计算过程中考虑了试验随机误差,并且通过响应面法获得的预测模型是连续的,而建立机身关键工艺参数与质量表征参数的响应面模型也需要考虑试验随机误差的影响,所以选择使用响应面法进行建模。响应面法建模流程如图 5-1 所示。

5.2.1 响应面法建模原理

在进行响应面法建模时,首先要确定近似函数的形式,然后通过处理统计试验设计的数据,运用最小二乘法原理得到近似模型,并基于近似模型对结果进行分析。

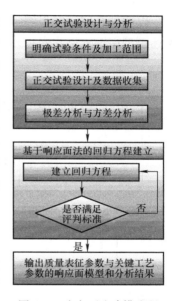

图 5-1 响应面法建模流程

在大多数的响应曲面法问题中,响应和自变量之间的关系形式是未知的。因此,使用响应曲面法之前应首先寻求输出量 y 和自变量集合之间真实函数关系的一个逼近式。常用的解决响应面法问题的近似函数有一阶模型和二阶模型。如果实际响应适合用自变量的线性函数建模,则采用一阶模型作为近似函数;如果系统有弯曲的话,则必须采用更高阶的多项式,如二阶模型。考虑到机身加工曲轴孔同轴度及气缸孔对曲轴孔的垂直度和三个关键加工参数即切削速度 v、背吃刀量 a_p、环境温度 T 之间的关系复杂,并不适合用 v、a_p、T 的线性函数建模,因此选择二阶响应面模型进行逼近。由于存在三个关键工艺参数,所以选择使用三因素二阶响应面模型来求解曲轴孔同轴度及气缸孔对曲轴孔的垂直度和切削速度 v、背吃刀量 a_p、环境温度 T 之间的关系,其形式为

$$\phi = \beta_0 + \beta_1 v + \beta_2 a_p + \beta_3 T + \beta_4 v^2 + \beta_5 a_p^2 + \beta_6 T^2 + \beta_7 v a_p + \beta_8 v T + \beta_9 a_p T + \varepsilon \tag{5-23}$$

$$\bot = \varphi_0 + \varphi_1 v + \varphi_2 a_p + \varphi_3 T + \varphi_4 v^2 + \varphi_5 a_p^2 + \varphi_6 T^2 + \varphi_7 v a_p + \varphi_8 v T + \varphi_9 a_p T + \varepsilon' \tag{5-24}$$

式中，$\beta_0 \sim \beta_9$ 为曲轴孔同轴度响应面模型的未知参数；$\varphi_0 \sim \varphi_9$ 是气缸孔对曲轴孔的垂直度响应面模型的未知参数，可通过数据拟合得到其估计值；ε、ε' 为随机误差项。假定模型中误差项 ε 满足

$$E(\varepsilon) = 0, Var(\varepsilon) = \sigma^2 \tag{5-25}$$

式中，$E(\varepsilon)$ 为 ε 的期望值；$Var(\varepsilon)$ 为 ε 的方差，且与 ε' 是不相关的随机变量。

以曲轴孔同轴度为例，由正交试验设计了同轴度的 25 组试验数据，可以将上述模型用矩阵形式表示

$$\phi = X_{10 \times 25} \beta + \varepsilon \tag{5-26}$$

$$X_{10 \times 25} = [1, A, B, C]$$

$$A = \begin{bmatrix} v_1 & a_{p_1} & T_1 \\ v_1 & a_{p_2} & T_2 \\ \vdots & \vdots & \vdots \\ v_5 & a_{p_5} & T_4 \end{bmatrix}; B = \begin{bmatrix} v_1^2 & a_{p_1}^2 & T_1^2 \\ v_2^2 & a_{p_2}^2 & T_2^2 \\ \vdots & \vdots & \vdots \\ v_5^2 & a_{p_5}^2 & T_4^2 \end{bmatrix}; C = \begin{bmatrix} v_1 s_1 & v_1 T_1 & a_{p_1} T_1 \\ v_2 a_{p_2} & v_2 T_2 & a_{p_2} T_2 \\ \vdots & \vdots & \vdots \\ v_5 a_{p_5} & v_5 T_4 & a_{p_5} T_4 \end{bmatrix}; \phi = \begin{bmatrix} y_1 \\ y_2 \\ \vdots \\ y_{25} \end{bmatrix};$$

$$\beta = \begin{bmatrix} \beta_0 \\ \beta_1 \\ \vdots \\ \beta_9 \end{bmatrix}; \varepsilon = \begin{bmatrix} \varepsilon_1 \\ \varepsilon_2 \\ \vdots \\ \varepsilon_{25} \end{bmatrix};$$

矩阵中各元素的下标参照表 5-2 中各列，矩阵 ϕ 中的 $y_1, y_2, \cdots, y_{25}$ 对应表 5-2 中的 $\phi_1, \phi_2, \cdots, \phi_{25}$。$\phi$ 为一个（25×1）观测值矢量；X 为自变量水平的一个（10×25）矩阵；β 为一个（10×1）回归系数矢量；ε 为一个（25×11）随机误差矢量。

求解曲轴孔同轴度响应面模型的重点在于需要求解出其回归系数矢量 β。在多元回归模型中，通常用最小二乘法来估计回归系数。所谓最小二乘法，就是选取响应面模型中的 β 使得误差 ε_i 的平方和最小，最小二乘函数可表示为

$$L = \sum_{i=1}^{25} \varepsilon_i^2 = \sum_{i=1}^{25} \left(y_i - \beta_0 - \sum_{j=1}^{3} \beta_j x_{ij} \right)^2 \tag{5-27}$$

在求解最小二乘估计矢量 $\hat{\beta}$ 时，需要对 L 函数取极小值，L 函数可表示为

$$L = \sum_{i=1}^{25} \varepsilon_i^2 = \varepsilon' \varepsilon = (y - X\beta)'(y - X\beta) = y'y - \beta'X'y - y'X\beta + \beta'X'X\beta \tag{5-28}$$

由于 $\beta'X'y$ 是一个（1×1）矩阵，故函数 L 还可以表示为

$$L = y'y - 2\beta'X'y + \beta'X'X\beta \tag{5-29}$$

最小二乘估计量必须满足

$$\frac{\partial L}{\partial \boldsymbol{\beta}}\bigg|_{\hat{\boldsymbol{\beta}}} = -2\boldsymbol{X}'\boldsymbol{y} + 2\boldsymbol{X}'\boldsymbol{X}\hat{\boldsymbol{\beta}} = 0 \tag{5-30}$$

即

$$\boldsymbol{X}'\boldsymbol{X}\hat{\boldsymbol{\beta}} = \boldsymbol{X}'\boldsymbol{y} \tag{5-31}$$

为了求解上式，对等式两边同时乘以 $\boldsymbol{X}'\boldsymbol{X}$ 的逆即可求出 $\boldsymbol{\beta}$ 最小二乘估计量

$$\hat{\boldsymbol{\beta}} = (\boldsymbol{X}'\boldsymbol{X})^{-1}\boldsymbol{X}'\boldsymbol{y} \tag{5-32}$$

将求解出的 $\hat{\boldsymbol{\beta}}$ 值代入上述的模型之中即可得到机身加工中曲轴孔同轴度的响应面模型。

5.2.2 基于响应面模型的方差分析

在计算出曲轴孔同轴度的响应面模型后，需要对其响应面模型参数进行假设检验以验证该响应面模型的有效性。常用的检验模型是否有效的方法是进行基于方差分析的显著性检验。如果检验结果满足一定的条件，则认为该因素是显著的，否则认为该因素是不显著的，可以从响应面曲线方程中将它删去，而其他因素的系数保持不变。该分析可以在保证一定预测精度的前提下，尽可能去掉影响不显著的因素，起到了精简模型的效果，尤其适用于影响因素较多的场合。与正交试验方差分析的区别在于，正交试验方差分析只能确定某因素对试验结果的影响是否显著，但是并不能对该因素与试验结果之间的准确函数关系进行判断。

在该模型中，回归方程的显著性检验用于判断曲轴孔同轴度 ϕ 与回归变量 v，a_p，T 的子集之间是否存在线性关系。假设

$$H_0 : \beta_1 = \beta_2 = \cdots = \beta_n = 0 \tag{5-33}$$
$$H_1 : 至少有一个 \beta_j \neq 0 \tag{5-34}$$

利用方差分析法进行检验，将总平方和 SS_T 分解为模型引起的平方和与残差平方和

$$SS_T = SS_R + SS_E \tag{5-35}$$

残差平方和为

$$SS_E = \sum_{i=1}^{25}(y_i - \hat{y}_i)^2 = \sum_{i=1}^{25} e_i^2 = \boldsymbol{e}'\boldsymbol{e} \tag{5-36}$$

将上式带入

$$\boldsymbol{e} = \boldsymbol{y} - \hat{\boldsymbol{y}} = \boldsymbol{y} - \boldsymbol{X}\hat{\boldsymbol{\beta}} \tag{5-37}$$

得到

$$SS_E = (\boldsymbol{y} - \boldsymbol{X}\hat{\boldsymbol{\beta}})'(\boldsymbol{y} - \boldsymbol{X}\hat{\boldsymbol{\beta}}) = \boldsymbol{y}'\boldsymbol{y} - \hat{\boldsymbol{\beta}}'\boldsymbol{X}'\boldsymbol{y} - \boldsymbol{y}'\boldsymbol{X}\hat{\boldsymbol{\beta}} + \hat{\boldsymbol{\beta}}'\boldsymbol{X}'\boldsymbol{X}\hat{\boldsymbol{\beta}} \tag{5-38}$$

因为 $\boldsymbol{X}'\boldsymbol{X}\hat{\boldsymbol{\beta}} = \boldsymbol{X}'\boldsymbol{y}$，所以 $SS_E = \boldsymbol{y}'\boldsymbol{y} - \hat{\boldsymbol{\beta}}'\boldsymbol{X}'\boldsymbol{y}$。由于

$$SS_T = \sum_{i=1}^{25} y_i^2 - \frac{\left(\sum_{i=1}^{25} y_i\right)^2}{25} = \boldsymbol{y}'\boldsymbol{y} - \frac{\left(\sum_{i=1}^{25} y_i\right)^2}{25} \tag{5-39}$$

将 SS_E 经过一定的变换后得到

$$SS_E = \boldsymbol{y}'\boldsymbol{y} - \frac{\left(\sum_{i=1}^{25} y_i\right)^2}{25} - \left[\hat{\boldsymbol{\beta}}'\boldsymbol{X}'\boldsymbol{y} - \frac{\left(\sum_{i=1}^{25} y_i\right)^2}{25}\right] \tag{5-40}$$

由 $SS_E = SS_T - SS_R$，可以得出回归平方和

$$SS_R = \hat{\boldsymbol{\beta}}'\boldsymbol{X}'\boldsymbol{y} - \frac{\left(\sum_{i=1}^{25} y_i\right)^2}{25} \tag{5-41}$$

总平方和

$$SS_T = \boldsymbol{y}'\boldsymbol{y} - \frac{\left(\sum_{i=1}^{25} y_i\right)^2}{25} \tag{5-42}$$

对零假设 $H_0: \beta_1 = \beta_2 = \beta_3$ 进行检验即是计算

$$F_0 = \frac{SS_R/k}{SS_E/(n-k-1)} \tag{5-43}$$

式中，n 为总样本数量；k 为自变量的个数。若统计量 F_0 超过临界值 $F_{\alpha,k,n-k-1}$，则拒绝 H_0。若拒绝 H_0 则意味着 v，a_p，T 中至少有一个变量对该响应面模型有显著的影响。

另外，可以用多重可决系数 R^2 来衡量回归模型的拟合效果，

$$R^2 = \frac{SS_E}{SS_T} = \frac{\boldsymbol{y}'\boldsymbol{y} - \hat{\boldsymbol{\beta}}\boldsymbol{X}'\boldsymbol{y}}{\boldsymbol{y}'\boldsymbol{y} - \left(\sum_{i=1}^{n} y_i\right)^2/n} \tag{5-44}$$

R^2 越接近 1，模型拟合度就越高。

5.2.3 响应面法建模与分析

通过对正交试验数据进行计算，曲轴孔同轴度的响应面模型为

$$\phi = -2.9 \times 10^{-2} + 1.06 \times 10^{-3}v - 3.04 \times 10^{-2}a_p + 7.6 \times 10^{-4}T - 2.27 \times 10^{-6}v^2 + 7.96 \times 10^{-2}a_p^2 + 4.79 \times 10^{-5}T^2 - 9.46 \times 10^{-5}va_p - 1.68 \times 10^{-5}vT \tag{5-45}$$

其多重可决系数 R^2 为 0.927，可以看出，曲轴孔同轴度响应面模型的拟合程度很高，该响应面模型能够很好地描述在加工过程中关键工艺参数与曲轴孔同轴度的关系。

气缸孔对曲轴孔的垂直度响应面模型为

$$\perp = 5.428 \times 10^{-2} + 4.15 \times 10^{-4}v - 1.677 \times 10^{-1}a_p - 4.38 \times 10^{-4}T - 9.916 \times 10^{-7}v^2 + 2.104 \times 10^{-4}a_p^2 + 3.166 \times 10^{-5}T + 6.35 \times 10^{-5}va_p - 6.7544 \times 10^{-6}vT \tag{5-46}$$

其多重可决系数 R^2 为 0.915，可以看出，气缸孔对曲轴孔的垂直度响应面模型的拟合程度较高，该响应面模型能够较好地描述在加工过程中关键工艺参数与气缸孔对曲轴孔的垂直度的关系。

将加工前残余应力均值作为曲轴孔及气缸孔加工的影响因素（u），建立响应面模型。

曲轴孔同轴度响应面模型为

$$\phi = 2.77 \times 10^{-1} + 6.67 \times 10^{-3}v + 0.2075a_p - 3.8 \times 10^{-2}T - 8.23 \times 10^{-3}u - \\ 4.073 \times 10^{-5}v^2 - 0.133 \times a_p^2 + 1.63 \times 10^{-3}T^2 + 3.44 \times 10^{-5}u^2 - \\ 5.05 \times 10^{-3}va_p - 9.6 \times 10^{-6}vT + 1.79 \times 10^{-5}vu + 6.3 \times 10^{-3}a_pu + \\ 6.8 \times 10^{-5}Tu + 7.9 \times 10^{-8}v^3 - 0.3704a_p^3 - 2.81 \times 10^{-5}T^3 - 1.4 \times 10^{-7}u^3$$

（5-47）

气缸孔对曲轴孔的垂直度响应面模型为

$$\perp = -0.318 - 4.79 \times 10^{-3}v - 0.382 \times a_p + 3.05 \times 10^{-3}T + 1.47 \times 10^{-2}u + \\ 2.95 \times 10^{-5}v^2 + 0.467a_p^2 + 3.74 \times 10^{-4}T^2 - 6.465 \times 10^{-5}u^2 + \\ 7.8 \times 10^{-3}va_p - 6.62 \times 10^{-6}vT - 2.91 \times 10^{-5}vu - 1.019 \times 10^{-2}a_pu - \\ 1.144 \times 10^{-4}Tu - 4.668 \times 10^{-8}v^3 + 0.395a_p^3 - 2.108 \times 10^{-6}T^3 + 2.506 \times 10^{-7}u^3$$

（5-48）

至此，建立了4个响应面模型，分别为：不考虑残余应力的曲轴孔同轴度响应面模型，见式（5-45）；不考虑残余应力的气缸孔对曲轴孔的垂直度响应面模型，见式（5-46）；考虑残余应力的曲轴孔同轴度响应面模型，见式（5-47）；考虑残余应力的气缸孔对曲轴孔的垂直度响应面模型，见式（5-48）。

5.3 BP 神经网络建模

基于 PFMECA 结果，提出了针对机身加工工艺薄弱环节的改进措施。然而这些改进措施主要是定性的改进，虽然能够有效改善加工工艺，但是对环境温度和切削参数这类可量化的因素来说，研究其具体参数对机身加工工艺可靠性的影响才是重点。然而，由于机身加工成本高、周期长，实际加工数据并不足以计算其工艺可靠度。故本章对机身工艺薄弱环节中可具体量化的部分进行分析，应用有限元分析确定了对工艺薄弱环节加工质量影响显著的因素，并通过 BP 神经网络建立工艺薄弱环节加工质量的预测模型，为评估机身加工工艺可靠性做了一定的基础。

5.3.1 BP 神经网络简介

误差反向传播神经网络（BP 神经网络）是由大量神经元相互连接而成的一种多层前馈网络。该网络采用误差反向传播算法作为学习算法，通过对样本的训练学习，生成一种从输入到输出的映射，其优点在于不需要输入和输出之间精确的数学表达式。BP 神经网络的学习过程是通过最速下降法训练网络，不断以实际输出同期望输出的差值修改调整网络各神经元的阈值和权值，直到网络的阈值满足设定要求。

BP 神经网络的结构由输入层、隐含层和输出层组成，其中隐含层对网络学习效果的影响十分显著。隐含层的作用是从输入信息中提取特征，增加隐含层能够提升 BP 神经网络的处理能力，但是会使训练复杂化，需要更多的训练数据及更长的训练时间。图 5-2 所示为典型的三层 BP 神经网络模型，除属于同一层的神经元不连接外，其余各层神经元相互连接。

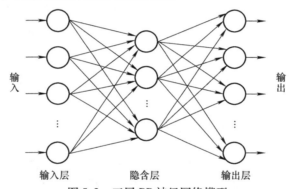

图 5-2　三层 BP 神经网络模型

本节使用 BP 神经网络学习船用柴油机机身工艺薄弱环节与关键影响因素之间的非线性关系，具体步骤如图 5-3 所示。

1. 获取学习样本数据并归一化处理

经分析，机身可具体量化分析的工艺薄弱环节为曲轴孔同轴度和气缸孔对曲轴孔的垂直度，关键影响因素为切削速度、背吃刀量和环境温度。在将样本数据输入网络学习前，考虑到样本数据间的量级存在差异，需先对样本数据进行归一化处理。

2. 设计 BP 神经网络的结构

该步骤需要确定输入层和输出层的节点数、隐含层的层数和节点数量，选取传递函数和学习算法等。

3. 训练 BP 神经网络模型

将样本数据输入到建立的 BP 神经网络中进行训练，并将输出值同期望输出值比较，通过修改调整权值，使实际输出值与期望输出值之间的误差满足要求。

4. 检验训练后的 BP 神经网络模型准确度

将检验数据输入训练后的网络模型中，对比输出的预测数据与检验数据的误差。若误差在可接受范围内，表明该训练好的 BP 神经网络模型可以用作工艺薄弱环节加工质量的预测。

5.3.2 数据获取与归一化

考虑到样本数据的相容性、遍历性和致密性要求，对机身曲轴孔同轴度和气缸孔对曲轴孔的垂直度设计正交试验，对每一个影响因素取 5 水平，其正交试验表及试验结果已在表 5-5 中列出。

通常，各自变量的数值不在一个量级，若直接进行训练，不仅会增加收敛时间，对训练结果也有很大影响。常用的神经网络模型会选择以 S 型函数作为激活函数，该函数的值域为 [0，1]。为防止小数据值被大数据值淹没的现象出现，使用归一化方法将样本数据归一化到 [0，1] 区间内。常用的归一化处理方式为

$$X' = \frac{X_{\max} - X}{X_{\max} - X_{\min}} \tag{5-49}$$

式中，X' 为归一化后的值；X 为归化前的值；$X_{\max}$ 和 $X_{\min}$ 分别为每组因子的最大值和最小值。

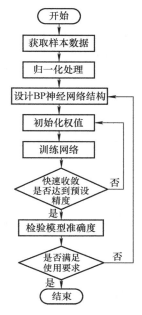

图 5-3 BP 神经网络建模具体步骤

表 5-5 正交试验表及试验结果

序号	切削速度 v/(r/min)	背吃刀量 a_p/mm	环境温度 T/℃	同轴度 ϕ/mm	垂直度 ⊥/mm
1	150	0.3	15	0.0467	0.0351
2	150	0.35	17.5	0.0527	0.0388
3	150	0.4	20	0.0547	0.0439
4	150	0.45	22.5	0.0588	0.0474
5	150	0.5	25	0.0629	0.0521
6	175	0.3	17.5	0.0508	0.0391
7	175	0.35	20	0.0545	0.0431
8	175	0.4	22.5	0.0583	0.0475

（续）

序号	切削速度 v/ (r/min)	背吃刀量 a_p/ mm	环境温度 T/ ℃	同轴度 ϕ/ mm	垂直度 $\perp$/ mm
9	175	0.45	25	0.0621	0.0504
10	175	0.5	15	0.0567	0.0451
11	200	0.3	20	0.0545	0.0437
12	200	0.35	22.5	0.0579	0.047
13	200	0.4	25	0.0614	0.0505
14	200	0.45	15	0.0574	0.0462
15	200	0.5	17.5	0.0596	0.0503
16	225	0.3	22.5	0.0532	0.0459
17	225	0.35	25	0.0603	0.0494
18	225	0.4	15	0.0577	0.0465
19	225	0.45	17.5	0.0615	0.0506
20	225	0.5	20	0.0634	0.0545
21	250	0.3	25	0.0556	0.0473
22	250	0.35	15	0.0569	0.0457
23	250	0.4	17.5	0.0624	0.049
24	250	0.45	20	0.0627	0.0526
25	250	0.5	22.5	0.0675	0.0564

5.3.3 BP 神经网络设计

BP 神经网络的设计主要包括输入层和输出层的节点数，隐含层层数和节点数，以及各层之间的传递函数和训练算法等方面。

1. 输入层与输出层的设计

输入层和输出层的节点由使用需求决定，在本节建立的曲轴孔同轴度预测模型和气缸孔对曲轴孔的垂直度预测模型中，以切削速度、背吃刀量和环境温度为输入端，以曲轴孔同轴度和气缸孔对曲轴孔的垂直度为输出端。预测模型的输入层节点数为 3，输出层节点数为 2。

2. 隐含层的设计

对于非线性问题来说，三层神经网络能够实现在任意精度要求下对非线性关系的逼近。神经网络运算精度的提升可以通过增加网络层数、增加隐含层节点数或增加训练样本数据等方法实现。相比其他两种方法，增加网络层数虽然可以在一定程度上提高运算精度，但是会导致网络复杂化，加重网络的运算负担和运算时间。只有在使用足够多节点数,却依旧不能得到预期精度的情况下,才考虑增加网络层数。故本节选择使用具有一个隐含层的三层 BP 神经网络来建立曲轴孔同轴度预测模型和气缸孔对曲轴孔的垂直度预测模型。

隐含层节点的选取会对网络性能产生一定的影响。隐含层节点数过少,可能导致训练不充分,网络容错性差;隐含层节点数过多,不仅会增加网络训练的时间,还有可能会出现"过拟合"的情况,导致泛化能力减弱。隐含层节点数的选取可以借鉴经验公式(5-50)计算得到

$$k = \sqrt{m + n} + a \tag{5-50}$$

式中,m 为输入层节点数目;n 为输出层节点数目;a 为 [1, 10] 之间的常数。经计算,本节可选的隐含层节点数为 4~12。通过试凑选取隐含层节点数为 8,设计的 BP 神经网络结构如图 5-4 所示。

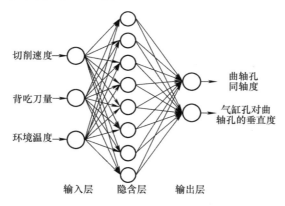

图 5-4　工艺薄弱环节加工质量的 BP 神经网络结构

3. 传递函数的选择

神经网络的传递函数能够反映神经元输出与其激活状态之间的关系,传递函数的选择对神经网络的质量具有重要意义。神经网络中常用的传递函数有 Linear 函数、Sigmoid 函数和 Tanh 函数,各函数的图像已在图 5-5 中给出。

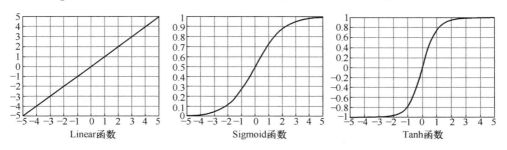

图 5-5　常用传递函数图像

从图 5-5 中可以看出，Linear 函数为线性传递函数，其函数定义域和值域为全体实数。该函数的优点在于不需要对训练样本数据进行归一化处理，但是该函数的收敛性能受神经网络结构的影响。Linear 函数的表达式为

$$y = \beta x \tag{5-51}$$

Sigmoid 函数为 S 型对数传递函数，其函数定义域为整个实数集，值域范围为（0，1），其函数表达式为

$$\text{logsig}(x) = \frac{1}{1 + e^{-x}} \tag{5-52}$$

Tanh 函数为 S 型双曲正切传递函数，其函数定义域为整个实数集，值域范围为（-1，1），其函数表达式为

$$\text{tansig}(x) = \frac{1 - e^{-x}}{1 + e^{-x}} \tag{3-53}$$

由于 BP 神经网络采用梯度下降法对权重进行学习，要求传递函数单调递增且可微。对于输入层到隐含层，选择值域范围与归一化后的数据范围相近的 Sigmoid 函数；对于隐含层到输出层，为便于网络输出任意实数范围内的值，选择 Linear 函数。

4. 优化算法的选择

为准确且有效率地实现目标函数的最优化，合适的优化算法不可或缺。专家学者们提出了多种神经网络的优化算法。常用 BP 神经网络的优化算法为梯度下降法，但是该算法存在收敛速度慢且容易陷入局部极小值的缺点。此外，常见的神经网络优化算法有随机梯度下降法、Adagrad 算法、RMSProp 算法、Momentum 算法和贝叶斯正则化法等见表 5-6。

表 5-6　BP 神经网络优化算法及特点

优化算法	特点
随机梯度下降法	可解决局部最优解的问题；容易振荡，收敛速度较慢
Adagrad 算法	适合处理稀疏梯度；积累梯度方差会导致有效学习率过早和过量减少
RMSProp 算法	适用于处理非平稳；依赖全局学习率
Momentum 算法	可抑制振荡，加速收敛；难以获取较好的学习率
贝叶斯正则化法	具备较好的收敛性能和网络泛化能力

在上述优化算法中，贝叶斯正则化法（bayesian regularization）除具备较好的收敛性能外，还可通过正则化解决过拟合的问题，具有较好的网络泛化能力。故本节选择贝叶斯正则化法来训练网络。

5. 网络期望误差的选择

非常小的网络期望误差需要通过增加大量隐含层节点和花费大量训练时间才

能实现,故在进行期望误差的选择时不能一味地选择很小的值。通常采用的方式是设定几个不同期望误差进行训练,综合对比训练结果后选择合适的期望误差。在对船用柴油机机身工艺薄弱环节的加工质量进行预测时,由于该型船用柴油机机身曲轴孔同轴度的合格范围为 0~0.06mm、气缸孔对曲轴孔的垂直度合格范围为 0~0.05mm,从网络误差性能、相关性系数及期望输出和实际输出之间的相对误差等方面综合对比,最终选择期望误差为 0.00001。

5.3.4 BP 神经网络训练与验证

根据对 BP 神经网络的结构和参数的分析,建立结构为 3-8-2 的 BP 神经网络模型,网络训练算法选择贝叶斯正则化算法,输入层与隐含层之间的传递函数为 Sigmoid 函数,隐含层与输出层之间的传递函数为 Linear 函数。在设置网络参数之后,输入样本数据对工艺薄弱环节加工质量的 BP 神经网络模型加以训练。建立的 BP 神经网络模型如图 5-6 所示。

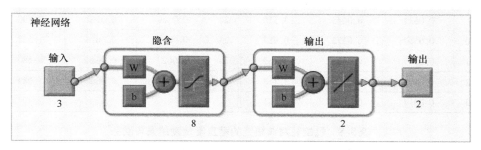

图 5-6 机身工艺薄弱环节加工质量的 BP 神经网络模型结构

在输入样本数据时,数据被分为训练样本和测试样本,占样本数据的比例分别为 80% 和 20%。当训练误差达到设定的精度要求或者达到最大迭代次数时,训练停止。BP 神经网络的实际输出与期望输出之间的相关性通过相关性指数 R 衡量,R 越接近 1,网络训练结果越好。样本数据经训练后的预测值与实际值之间的分布与相关关系如图 5-7 所示。其中 Data 代表实际值的样本点,Fit 代表对实际值进行拟合,T 代表拟合出的函数。样本数据经训练后的相关性指数为 98.701%,从图 5-7 中可以看出,训练后的实际输出与期望输出跟踪较好。

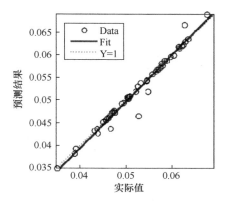

图 5-7 加工质量预测值与实际值之间的分布关系

为直观展示 BP 神经网络训练的准确程度，计算了实测值与预测值之间的相对误差，表 5-7 和表 5-8 分别为曲轴孔同轴度的预测结果与误差和气缸孔对曲轴孔的垂直度的预测结果与误差。同时，将预测值与实测值绘制成折线图，如图 5-8 所示。

表 5-7 曲轴孔同轴度的预测结果与误差

序号	实测值/mm	预测值/mm	相对误差（%）	序号	实测值/mm	预测值/mm	相对误差（%）
1	0.0467	0.0471	0.772	14	0.0574	0.0575	0.094
2	0.0527	0.0522	0.992	15	0.0596	0.0606	1.677
3	0.0547	0.0539	1.548	16	0.0532	0.0566	6.459
4	0.0588	0.0587	0.205	17	0.0603	0.0603	0.001
5	0.0629	0.0652	3.714	18	0.0577	0.0578	0.114
6	0.0508	0.0491	3.278	19	0.0615	0.0608	1.062
7	0.0545	0.0549	0.801	20	0.0634	0.0637	0.479
8	0.0583	0.0586	0.520	21	0.0556	0.0556	0.043
9	0.0621	0.0643	3.510	22	0.0569	0.0564	0.800
10	0.0567	0.0573	0.987	23	0.0624	0.0614	1.588
11	0.0545	0.0546	0.169	24	0.0627	0.0624	0.480
12	0.0579	0.0597	3.118	25	0.0675	0.0668	1.083
13	0.0614	0.0615	0.181				

表 5-8 气缸孔对曲轴孔的垂直度预测结果与误差

序号	实测值/mm	预测值/mm	相对误差（%）	序号	实测值/mm	预测值/mm	相对误差（%）
1	0.0351	0.0353	0.503	14	0.0462	0.0459	0.646
2	0.0388	0.0393	1.377	15	0.0503	0.0501	0.336
3	0.0439	0.0402	8.428	16	0.0459	0.0471	2.719
4	0.0474	0.0469	1.111	17	0.0494	0.0492	0.339
5	0.0521	0.0534	2.538	18	0.0465	0.0458	1.405
6	0.0391	0.0374	4.222	19	0.0506	0.0508	0.365
7	0.0431	0.0427	0.816	20	0.0545	0.0538	1.304
8	0.0475	0.0474	0.267	21	0.0473	0.0474	0.150
9	0.0504	0.0527	4.577	22	0.0457	0.0449	1.751
10	0.0451	0.0455	0.833	23	0.049	0.0492	0.496
11	0.0437	0.0438	0.202	24	0.0526	0.0521	0.871
12	0.047	0.0488	3.744	25	0.0564	0.0560	0.652
13	0.0505	0.0505	0.083				

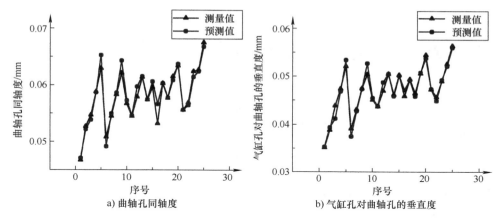

图 5-8 BP 神经网络训练结果对比图

由表 5-7 和图 5-8a 可知，曲轴孔同轴度的实测值与预测值之间的差值较小，大多数相对误差小于 2%，只有少数超出 3%，最大相对误差为 6.459%，具有较高的预测精度。由表 5-8 和图 5-8b 可知，气缸孔对曲轴孔的垂直度的实测值与预测值之间的差值较小，大多数相对误差小于 2%，只有少数超出 4%，最大相对误差为 8.428%，预测精度较高。

5.4 本章小结

本章基于正交试验法和响应面模型建立了柴油机机身加工关键工艺参数与质量表征参数之间的定量模型，在响应面法建模的过程中，同时考虑了残余应力的影响；此外通过 BP 神经网络建立了柴油机机身加工质量预测模型，并对预测结果进行了分析，验证了 BP 神经网络模型的准确性。研究结果可以为柴油机机身加工工艺可靠度模型奠定基础。

第6章 船用柴油机机身加工工艺可靠性模型

由于各种随机因素的扰动，加工工艺参数呈现出一定的随机分布性，因此本章首先对加工工艺参数的分布特性进行分析，基于柴机油机身关键影响因素与关键工艺质量表征参数的定量关系，从工艺稳定性的角度出发，充分考虑到加工过程中工艺参数的不确定性，建立柴油机机身加工工艺可靠性模型，为提高加工质量奠定基础；此外，针对工艺可靠性的验证提出了对应的方法。

6.1 面向可靠性分析的加工工艺参数分布

由于对柴油机机身加工工艺稳定性影响最大的工序为机身曲轴孔和凸轮轴孔的镗削加工，而机身曲轴孔和凸轮轴孔在镗削加工过程中，容易受切削力和切削热的影响，导致在加工位置处生成大量的热。因为机身在不同位置壁面厚度不同，根据温度的传导过程，在不同位置处，受温度影响大小是不同的。壁面较薄的地方受温度影响大，产生热变形量大；相反，壁面较厚的区域受温度影响较小，受热变形小。另外，曲轴孔和凸轮孔作为柴油机机身的关键部位，其加工过程受装夹工艺及切削工艺的影响，容易产生变形使孔系同轴度、垂直度等超差，而机身关键孔系的变形对柴油机的性能、精度和寿命有着直接的影响。考虑到这些因素，选择曲轴孔同轴度和曲轴孔对气缸孔的垂直度作为柴油机机身加工关键质量表征参数。

通过前文对机身加工工艺影响因素分析，选择切削速度 v、背吃刀量 a_p、环境温度 T 作为影响柴油机机身加工工艺稳定性的关键工艺参数。在机身加工之前，为了保证加工过程中的安全性及保证加工出来的机身质量能够满足要求，需要对工艺参数的取值范围有一个明确的规定。工艺参数值应在上限和下限之间，在该范围中的工艺参数能够稳定生产出符合质量标准的工件。确定工艺参数取值范围的方法有两种：一种是根据设备能力精度，按照统计学原理，制定操作范围和可接受的范围；另一种是通过试验设计的方法，考虑参数的交互作用，做出设计空间，定出可接受的范围，不过这种方法在国内并不多见。权衡之下，选择采用利用统计分析的方法确定柴油机机身加工中关键加工参数的取值范围。

在求解关键加工参数取值范围之前，需要确定随机变量即关键加工参数切削速度 v、背吃刀量 a_p、环境温度 T 三者的概率分布。在机械加工中，如果加工过程稳定，并且各影响因素是众多的、相互独立的，就可以将中心极限定理作为近似正态性的合理依据，由此可以假设随机变量服从正态分布。在柴油机机身加工中可以假设切削速度 v、背吃刀量 a_p、环境温度 T 三者皆服从独立的正态分布。

由于切削速度 v、背吃刀量 a_p、环境温度 T 三者的数值都是通过测量得到，极有可能存在较大误差，因此需要对三个关键工艺参数 v、a_p、T 分别取置信度为 $1-\alpha_v$、$1-\alpha_{a_p}$、$1-\alpha_T$。在一定的测量数据基础上进行计算，从而得到切削速度 v、背吃刀量 a_p、环境温度 T 三者合适的置信区间。假设共有 n 组数据，切削速度 v 的测量值为 $v_1,v_2,\cdots,v_n$；背吃刀量 a_p 的测量值为 $a_{p_1},a_{p_2},\cdots,a_{p_n}$；环境温度 T 的测量值为 $T_1,T_2,\cdots,T_n$。计算三个关键加工参数的样本均值与样本方差，以确定其在置信度为 $1-\alpha$ 时的置信区间。

切削速度 v 的样本均值

$$\bar{v} = \frac{v_1 + v_2 + \cdots + v_n}{n} \tag{6-1}$$

切削速度 v 的样本方差

$$S_v^2 = \frac{(v_1 - \bar{v})^2 + (v_2 - \bar{v})^2 + \cdots + (v_n - \bar{v})^2}{n-1} \tag{6-2}$$

背吃刀量 a_p 的样本均值

$$\bar{a}_p = \frac{a_{p_1} + a_{p_2} + \cdots + a_{p_n}}{n} \tag{6-3}$$

背吃刀量 a_p 的样本方差

$$S_{a_p} = \frac{(a_{p_1} - \bar{a}_p)^2 + (a_{p_2} - \bar{a}_p)^2 + \cdots + (a_{p_n} - \bar{a}_p)^2}{n-1} \tag{6-4}$$

环境温度 T 的样本均值

$$\bar{T} = \frac{T_1 + T_2 + \cdots + T_n}{n} \tag{6-5}$$

环境温度 T 的样本方差

$$S_T^2 = \frac{(T_1 - \bar{T})^2 + (T_2 - \bar{T})^2 + \cdots + (T_n - \bar{T})^2}{n-1} \tag{6-6}$$

将上述计算出的切削速度 v、背吃刀量 a_p、环境温度 T 的样本均值和样本方差带入下式就可得到其置信区间，即关键加工工艺参数的取值范围。

切削速度 v 的取值范围为

$$\left[\bar{v} - \frac{S}{\sqrt{n}} t_{\alpha_v/2}(n-1), \bar{v} + \frac{S}{\sqrt{n}} t_{\alpha_v/2}(n-1)\right] \tag{6-7}$$

背吃刀量 a_p 的取值范围为

$$\left[\bar{a}_p - \frac{S}{\sqrt{n}} t_{\alpha_{a_p}/2}(n-1), \bar{a}_p + \frac{S}{\sqrt{n}} t_{\alpha_{a_p}/2}(n-1)\right] \tag{6-8}$$

环境温度 T 的取值范围为

$$\left[\bar{T}-\frac{S}{\sqrt{n}}t_{\alpha_T/2}(n-1),\bar{T}+\frac{S}{\sqrt{n}}t_{\alpha_T/2}(n-1)\right] \quad (6-9)$$

式中，S 分别为切削速度 v、背吃刀量 a_p、环境温度 T 的样本标准差；n 为样本个数；t 表示服从 t 分布。

若在某些特殊情况下出现其他对机身加工工艺稳定性产生较大影响的因素，如残余应力 u 或进给量 s，此处将其统一表示为 Q。在获得 n 组样本数据的情况下，通过统计分析方法得到其样本均值为

$$\bar{Q}=\frac{Q_1+Q_2+\cdots+Q_n}{n} \quad (6-10)$$

样本方差为

$$S_Q^2=\frac{(Q_1-\bar{Q})^2+(Q_2-\bar{Q})^2+\cdots+(Q_n-\bar{Q})^2}{n-1} \quad (6-11)$$

在取置信度为 $1-\alpha_Q$ 的条件下，求得该因素的取值范围为

$$\left[\bar{Q}-\frac{S_Q}{\sqrt{n}}t_{\alpha_Q/2}(n-1),\bar{Q}+\frac{S_Q}{\sqrt{n}}t_{\alpha_Q/2}(n-1)\right] \quad (6-12)$$

在确定了分布模型后，接下来通过产生随机数来模拟加工过程中加工参数的随机性，将加工参数视为随机变量，通常基于加工参数的统计规律采用计算机程序产生模拟随机数。随机变量模拟次数越多，随机变量仿真次数越多，仿真样本量越大，仿真结果的准确度越高，越接近实际加工情况。

研究切削速度 v、背吃刀量 a_p、环境温度 T 与曲轴孔同轴度之间的关系，三个关键加工参数皆服从正态分布，分别用 $N(\bar{v},S_v^2)$，$N(\bar{a}_p,S_{a_p}^2)$，$N(\bar{T},S_T^2)$ 表示。它们的概率密度函数 PDF 皆可表示为

$$g_X(\xi)=\frac{1}{\sqrt{2\pi}\sigma}\exp\left[-\frac{(\xi-\mu)^2}{2\sigma^2}\right] \quad (6-13)$$

式中，μ 为随机变量的期望值；σ 为随机变量的标准差。

MATLAB 是由美国 Math Works 公司出品的商业数学软件，具有优秀的数值计算能力，被广泛应用于数据计算领域。利用 MATLAB 统计工具箱中的 normrnd 函数可以直接生成服从正态分布的随机数，其调用格式为 normrnd（mu，sigma，m，n），其中 mu 和 sigma 分别为正态分布的均值与标准差，该函数产生 m 行 n 列服从均值为 mu 和标准差为 sigma 的正态分布随机数。

综上所述，基于柴油机加工过程仿真结果，选择曲轴孔同轴度和曲轴孔对气缸孔的垂直度作为柴油机机身加工关键质量表征参数；基于机身加工工艺影响因素分析，选择切削速度 v、背吃刀量 a_p、环境温度 T 作为影响柴油机机身加工工艺稳定性的关键工艺参数；假设各加工工艺参数服从正态分布，计算了其在一定

置信度下的置信区间；基于数学计算软件 MATLAB 中的 normrnd 函数可直接生成服从正态分布的随机数，为计算工艺的可靠度奠定基础。

6.2 柴油机机身加工工艺可靠性模型

6.2.1 工艺可靠性指标的确定

当确定机械制造产品的工艺可靠性指标时，要考虑机械制造过程中多加工设备和多工序的特点。在船用柴油机机身加工中，加工数据主要来自机身的孔位特征测量值，因此对机身加工过程的能力评价主要建立在对机身的孔位特征测量值分析的基础上。

在机械制造过程中，保障产品孔位特征的能力主要表现为产品孔位特征的加工过程是否稳定及产品是否具有足够的加工精度。工艺稳定性是指在规定的时间内，由机械制造过程加工的产品的孔位特征值保持在一定的范围内，即具备要求的精度和偏差。

机身加工的可靠性是一个抽象的概念，若要全面客观地评价其可靠性水平，需要在机身加工过程的基础上确定评价保障机身加工可靠性能力的定量指标。由于机身的加工数据主要来自于孔位特征测量值，因此对机身加工的能力评价建立在对机身孔位特征测量值的基础上。

在机身加工过程中，伴随着高温、高压、高应变率的塑性变形，已加工表面会形成一定层深的残余应力分布。残余应力使机身处于一种不稳定的状态之中，其内部的组织有强烈地恢复到没有内应力稳定状态的倾向。为了研究机身内部残余应力分布变化对机身某些质量表征参数的改变，在进行正交试验时，测量半精加工完成后柴油机机身残余应力的均值、方差，并且在响应面建模时充分考虑到机身残余应力对机身关键工艺质量表征参数的影响及其与加工参数的交互作用。

考虑研究目标是船用柴油机机身加工中其曲轴孔的同轴度及曲轴孔对凸轮轴孔的垂直度的加工质量，所以选择工艺稳定性作为机身加工的工艺可靠性指标。

6.2.2 工艺故障判据的确定原则

机身加工故障表现为机身的参数值和质量指标至少有一项不符合技术规范文件和设计、工艺文件规定的要求。在本研究中，机身加工发生故障的情况为机身曲轴孔同轴度超出公差范围及机身曲轴孔对缸孔的垂直度超出公差范围两个方面，故将曲轴孔同轴度与气缸孔对曲轴孔的垂直度两者的公差范围作为故障判据，即曲轴孔同轴度误差 $\geqslant 0.06\,\mathrm{mm}$，气缸孔对曲轴孔的垂直度误差 $\geqslant 0.05\,\mathrm{mm}$。两种情况中，发生任意一种或两种都发生则机身加工失效。

6.2.3 计算质量表征参数的合格概率

为计算采用各关键特征进行衡量时的工艺可靠度,选择使用蒙特卡罗仿真获得的数据进行概率统计分析。蒙特卡罗法的实质是在对每一个随机变量抽样后,将随机数代入数学模型中进行计算,经过足够多的独立计算后就可以确定函数的概率特征。

在对各工艺参数进行抽样前需要明确各变量的分布规律,由中心极限定理假设在加工过程中各参数皆服从独立的正态分布,即需要对各参数值是否服从正态分布加以检验。在实际加工过程中,切削速度、背吃刀量及环境温度的波动都可能导致加工质量与预期存在差距,因此需要考虑因参数的波动造成的影响。

随机参数切削速度 v、背吃刀量 a_p、环境温度 T 的波动范围选择参考 6.1 中的内容。计算在某组参数 (v, a_p, T) 下,加工出的曲轴孔同轴度或气缸孔对曲轴孔的垂直度的加工工艺可靠性步骤如图 6-1 所示。

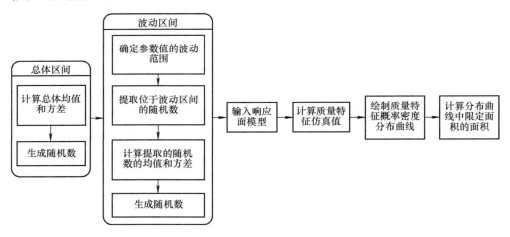

图 6-1 关键质量表征参数加工工艺可靠性步骤

根据工艺故障判据,对质量表征参数即同轴度和垂直度是否合格进行判断。在缺乏大量数据作为依据的情况下,依旧选择使用蒙特卡罗仿真方法获得仿真试验数据。通过工厂方面获得切削速度 v、背吃刀量 a_p、环境温度 T 三个加工参数能够精确测量的最小精度 a(r/min)、b(mm)、c(℃)。为确定在某一组加工参数 (v, a_p, T) 的条件下,加工出的同轴度或垂直度合格的概率,在进行生成随机数时,将所有属于 6.1.2 中给出的置信区间之内的参数提取出来。随后将这些参数带入响应面模型之中进行计算,并记录计算的总次数 N。将这些计算得到的同轴度或垂直度的仿真试验值同其规定的合格区间进行比较,记录符合合格条件的输出量的总数 M,将符合合格条件的输出量的总数 M 除以计算的总次数 N,即可得到在该加工条件下加工出来的产品的可靠度 P。

$$P = \frac{M}{N} \tag{6-14}$$

6.2.4 机身加工工艺可靠性模型的建立

在对柴油机机身进行工艺可靠性分析时,因为柴油机机身加工特征众多,一般是选择机身加工特征中的关键重要特征作为关键质量表征参数,对关键质量表征参数的加工可靠性加以综合,最终得到柴油机机身加工的工艺可靠性。对于柴油机机身而言,因其具有复杂的曲轴孔系、凸轮轴孔系、缸孔系和油路孔系等结构,且各孔系具有严格的尺寸精度要求和很高的几何要求,这些要求对后续的装配和使用影响显著。如果加工出来的机身不符合这些要求或者其中的某一个要求,该机身就有可能属于报废品或者需要重新加工,所以说这些质量表征参数的加工质量会联合起来影响机身的加工质量。因此,需要选择一个合适的可靠性模型来对这些特征的可靠性进行综合分析。常用的可靠性模型有串联模型、并联模型、串-并联模型、基于强度-应力干涉的可靠性模型、可靠性上下限计算模型和蒙特卡罗近似计算模型等,根据柴油机机身加工过程的失效形式选择串联模型。经研究,在柴油机机身加工中质量表征参数有两个(曲轴孔同轴度、气缸孔对曲轴孔的垂直度),设曲轴孔同轴度符合技术条件规定范围的概率为 P_ϕ,则其不合格概率为 $1-P_\phi$;气缸孔对曲轴孔的垂直度符合技术条件规定范围的概率为 $P_\perp$,则其不合格概率为 $1-P_\perp$。由于曲轴孔同轴度与气缸孔对曲轴孔的垂直度的值都是通过测量得到的,可能会存在一定的测量误差。假设曲轴孔同轴度测量时无错判概率为 P_k,则曲轴孔同轴度的不合格概率为

$$P_{\phi \geqslant 0.06} = 1 - [P_\phi P_k + (1-P_\phi)(1-P_k)] \tag{6-15}$$

假设气缸孔对曲轴孔的垂直度测量时无错判概率为 P_q,则曲轴孔同轴度的不合格概率为

$$P_{\perp \geqslant 0.05} = 1 - [P_\perp P_q + (1-P_\perp)(1-P_q)] \tag{6-16}$$

在只考虑曲轴孔同轴度和气缸孔对曲轴孔的垂直度两个特征时,柴油机机身加工的可靠度为

$$\begin{aligned} R_{\phi,\perp} &= (1-P_{\phi \geqslant 0.06})(1-P_{\perp \geqslant 0.05}) \\ &= [P_\phi P_k + (1-P_\phi)(1-P_k)][P_\perp P_q + (1-P_\perp)(1-P_q)] \end{aligned} \tag{6-17}$$

若存在一些特殊情况出现其他对机身加工质量产生较大影响的质量表征参数时,设共有 n 个质量表征参数,每个参数 X_i 符合技术条件规定范围的概率为 P_{X_i},则其故障概率为 $(1-P_{X_i})$。假设无错判概率为 P_{k_i},则每一个质量表征参数的不合格概率为 $P_i = 1 - [P_{X_i} P_{k_i} + (1-P_{X_i})(1-P_{k_i})]$,此时船用柴油机机身加工的

工艺可靠度为：$R = \prod_{i=1}^{n}[P_{X_i}P_{k_i} + (1-P_{X_i})(1-P_{k_i})]$。

由于只考虑了能够重点反映柴油机机身加工质量的关键工艺参数，即曲轴孔同轴度和气缸孔对曲轴孔的垂直度两个因素，然而在实际加工过程中会存在一些其他的因素对加工质量产生影响，因此需要通过统计分析的方法，计算出曲轴孔同轴度和气缸孔对曲轴孔的垂直度问题占机身加工不合格问题的比例，并对由曲轴孔同轴度与气缸孔对曲轴孔的垂直度计算出的可靠度进行换算，得到实际加工中的工艺可靠度

$$R_{实际} = 1 - (1 - R_{\phi,\perp})/\eta \tag{6-18}$$

式中，η 为曲轴孔同轴度和气缸孔对曲轴孔的垂直度问题占机身加工不合格问题的比例。

6.2.5 工艺可靠度计算及敏感性分析

在实际加工过程中，工艺参数历史数据为随机数，假设其分布服从正态分布，满足 $v \sim N(120, 25)$，$a_p \sim N(0.42, 2.5 \times 10^{-3})$，$T \sim N(20, 16)$，无错判概率为 95%；对同轴度工艺参数进行改进后，其分布满足 $v \sim N(130, 25)$，$a_p \sim N(0.4, 2.5 \times 10^{-3})$，$T \sim N(20, 1)$，无错判概率为 98%。

针对数据"$v \sim N(130, 25)$"的说明：对于服从正态分布的随机数 x 而言，假设其均值为 μ，标准差为 σ，方差为 σ^2，将其记为 $x - N(\mu, \sigma^2)$，则数值分布在 $(\mu-\sigma, \mu+\sigma)$ 中的概率为 65.26%，在 $(\mu-2\sigma, \mu+2\sigma)$ 中的概率为 95.44%，在 $(\mu-3\sigma, u+3\sigma)$ 中的概率为 99.74%。因此对于切削速度 v，假设其分布为 $v \sim N(130, 25)$，则其取值范围在区间（125，135）中的概率为 68.26%，在区间（120，140）中的概率为 95.44%，在区间（115，145）中的概率为 99.74%（见图6-2）。

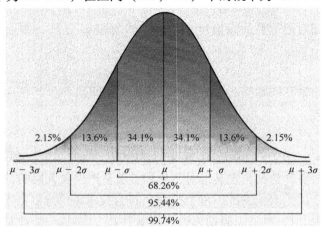

图6-2 正态分布的概率密度函数

以上述三组随机数分布取 10000 组正态分布随机数样本,然后将 10000 组随机数带入到响应面模型中进行计算,计算得到的曲轴孔同轴度和气缸孔对曲轴孔的垂直度分别与其对应的合格范围(0,0.06)、(0,0.05)进行比较,并分别记录合格的数量。基于式(6-17),通过蒙特卡罗法计算得到,曲轴孔同轴度加工工艺参数改进前的工艺可靠度为 81.167%,改进后的工艺可靠度为 96.09%;气缸孔对曲轴孔的垂直度加工工艺参数改进前的工艺可靠度为 85.28%,改进后的工艺可靠度为 93.2%;在只考虑曲轴孔同轴度和气缸孔对曲轴孔的垂直度两个因素时,柴油机机身改进前及改进后的工艺可靠度:

改进前:$R_{\phi,\perp} = 0.81167 \times 0.8528 = 0.69$

改进后:$R_{\phi,\perp} = 0.9609 \times 0.932 = 0.895$

对以往柴油机机身加工的 150 例失效情况进行调查,调查结果见表 6-1。

表 6-1 柴油机机身加工不合格调查结果

序号	质量不合格原因	质量不合格数量
1	气缸孔对曲轴孔的垂直度超差	85
2	曲轴孔同轴度超差	45
3	平行度超差	9
4	尺寸超差	5
5	位置度超差	4
6	圆度超差	2

经计算,曲轴孔同轴度和气缸孔对曲轴孔的垂直度不合格问题占机身加工质量问题的 86.67%,计算工艺改进前及改进后的实际机身工艺可靠度:

改进前:$R_{实际} = 1 - (1 - 0.69)/0.8667 = 0.642$

改进后:$R_{实际} = 1 - (1 - 0.895)/0.8667 = 0.879$

为了探究加工工艺参数的随机分布参数的变化对机身工艺可靠度的影响,对机身加工工艺可靠性模型开展灵敏度分析,在保持其他加工工艺参数分布参数不变的条件下,通过改变某一分布参数,并计算在该参数条件下柴油机机身的加工工艺可靠度。以切削速度均值为例,保持切削速度的标准差、背吃刀量的均值和标准差及环境温度的均值和标准差不变,将切削速度的均值控制在 130~150r/min 范围内变化,将机身加工工艺可靠度随切削速度均值的变化情况绘制出来,如图 6-3 中左图所示。

通过观察机身加工工艺可靠度随切削速度均值的变化曲线发现,当切削速度在区间 120~130r/min 之间变化时,机身加工工艺可靠度随切削速度均值不断波动,但并没有较大的变化;当切削速度在区间 130~140r/min 之间变化时,机身加工工艺可靠度随切削速度均值的增大而减小。类似地,计算柴油机机身加工工

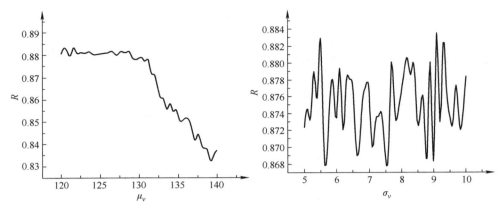

图 6-3　机身工艺可靠度随切削速度均值及其标准差变化曲线

艺可靠度随背吃刀量标准差、环境温度均值、环境温度标准差的变化情况,将其变化情况绘制出来,如图 6-4、图 6-5 所示。

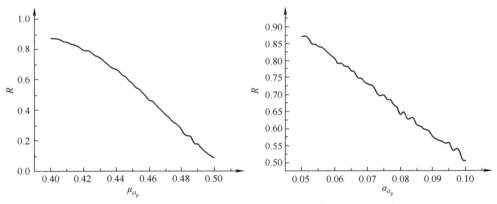

图 6-4　机身工艺可靠度随背吃刀量均值及其标准差变化曲线

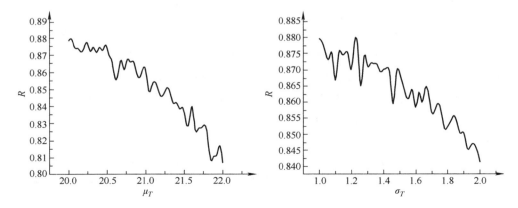

图 6-5　机身工艺可靠度随环境温度均值及其标准差变化曲线

第 6 章　船用柴油机机身加工工艺可靠性模型

通过观察变化曲线发现，柴油机机身加工工艺可靠度随切削速度标准差的变化而不断波动；柴油机机身加工工艺可靠度随背吃刀量标准差的变化而不断下降，但存在一定的波动；柴油机机身加工工艺可靠度随背吃刀量标准差、环境温度均值、环境温度标准差的变化呈现出类似的规律。

将敏感度分析的工艺参数区间进行归一化处理，绘制机身可靠度随工艺参数均值或标准差变化曲线如图 6-6 所示。

从图 6-6 中可以看出，机身可靠度随切削速度及环境温度的均值及标准差变化的曲线较为平缓，而随背吃刀量的均值及标准差变化的曲线则呈现较为急剧的变化趋势，因此在实际加工过程中要对背吃刀量的取值应更加谨慎。

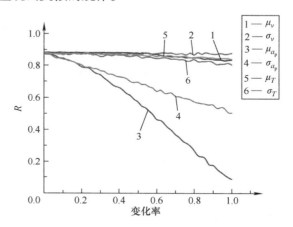

图 6-6　机身可靠度随工艺参数均值或标准差变化曲线

考虑残余应力对机身可靠性的影响时，假设机身残余应力满足 $u \sim (125, 10)$ 的正态分布，曲轴孔同轴度改进前及改进后的工艺可靠度分别为 85.658%、93.45%；气缸孔对曲轴孔的垂直度改进前及改进后的工艺可靠度为 78.989%、90.176%。在只考虑曲轴孔同轴度和气缸孔对曲轴孔的垂直度两个因素时，柴油机机身改进前及改进后的实际工艺可靠度：

改进前：$P_{实际} = 1 - (1 - 0.85658 \times 0.78989)/0.8667 = 0.626$

改进后：$P_{实际} = 1 - (1 - 0.9345 \times 0.90176)/0.8667 = 0.8185$

综上，机身工艺改进前后的工艺可靠度对比见表 6-2。

表 6-2　机身工艺改进前后的工艺可靠度对比

工艺参数				可靠度						
					未考虑残余应力			考虑残余应力		
v	a_p	T		$P_{无错判}$	同轴度	垂直度	机身	同轴度	垂直度	机身
改进前 N(120, 5)	N(0.42, 0.05)	N(20, 3)		0.95	0.8117	0.8528	0.642	0.8566	0.7899	0.626
改进后 N(130, 5)	N(0.4, 0.05)	N(20, 1)		0.98	0.9609	0.932	0.879	0.9345	0.9018	0.8185

由表 6-2 可知，提高柴油机机身加工工艺可靠度的主要措施包括：将切削速度均值由 120 更改为 130，将背吃刀量均值由 0.42 修改为 0.4，环境温度方差由

3 减小为 1。由采取上述措施进行工艺改进前和改进后的对比可知：在不考虑残余应力的条件下，采用改进前的工艺加工获得柴油机机身同轴度可靠度为 81.167%，采用改进后的工艺加工获得柴油机同轴度可靠度为 96.09%，改进后同轴度可靠度提升了 18.38% ［计算方法：(0.9609 − 0.81167)/0.81167 = 0.1838］。

在不考虑残余应力的条件下，综合考虑同轴度及垂直度，采用改进前的工艺加工的柴油机机身可靠度为 64.2%，采用改进后的工艺加工的柴油机可靠度为 87.9%，改进后可靠度提升了 36.9% ［计算方法：(0.879 − 0.642)/0.642 = 0.369］。

通过对比机身工艺改进前后的工艺可靠度可见，改进加工工艺参数，机身工艺可靠度有明显提升；在考虑残余应力对机加工可靠性影响时，机身可靠度有所下降，由此可见，机身残余应力对于机身加工可靠性存在一定影响。在今后的研究中，可将机身残余应力控制作为方向，以保证机身加工工艺可靠性。

6.3 柴油机机身加工工艺可靠性模型验证

6.3.1 柴油机机身加工工艺可靠性验证试验方案

选取一定批量的机身，在加工完成 1 个月时间后（根据工程使用实际情况，一般选取 1 个月为检测周期），对其机身的关键特征参量进行检测，以机身加工工艺质量表征参数及其公差范围为评判依据，运用统计方法，对其进行工艺可靠度计算，并与运用上述研究提出的模型计算结果进行对比，从而验证模型的计算相对误差值，也可进一步修正模型。检验过程流程图如图 6-7 所示。

如图 6-7 所示，对机身进行检验时，首先需要确定关键质量表征参数的公差范围，即判别准则。随后随机挑选出 n 台在同一加工条件下加工出的同一型号机身，并将其在工程实际的同等仓储条件下放置 1 个月后，在同等检测技术条件下对机身的垂直度和同轴度等关键质量表征参数进行测量。由于船用柴油机产量较低，能够用于试验的样本量较小，如果直接采用合格率的方式计算其工艺可靠度，会存在很大的不确定性，因此采用统计方法对测量结果进行统计分析，计算其工艺可靠度。之后将基于实测数据的工艺可靠度结果与通过模型计算出的结果进行比较，并根据误差结果进一步修改模型中各参数的值。

6.3.2 柴油机机身关键质量表征参数数据处理方法

1. 常见的随机分布类型

（1）正态分布　假设柴油机机身关键工艺质量表征参数 x 服从正态分布，其

第6章 船用柴油机机身加工工艺可靠性模型

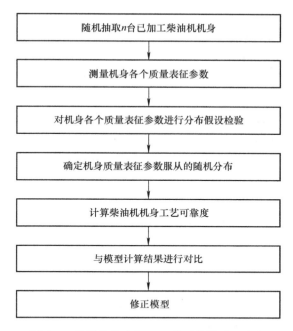

图 6-7 柴油机机身加工工艺可靠性验证流程

均值为 μ，方差为 σ^2，标准差为 σ，将其分布记作 $x \sim N(\mu, \sigma^2)$，则其概率密度函数为

$$f(x) = \frac{1}{\sigma \sqrt{2\pi}} \exp\left[-\frac{(x-\mu)^2}{2\sigma^2} \right] \tag{6-19}$$

假设质量表征参数的工艺要求范围为 $x_L < x < x_H$，则基于该质量表征参数的产品加工工艺可靠度为

$$R_{\text{工艺}} = \int_{x_L}^{x_H} \frac{1}{\sigma \sqrt{2\pi}} \exp\left[-\frac{(\tau-\mu)^2}{2\sigma^2} \right] d\tau \tag{6-20}$$

（2）威布尔分布 假设柴油机机身关键工艺质量表征参数 x 服从威布尔分布，其形状参数为 m，尺度参数为 η，其中 $m > 0$、$\eta > 0$，将其分布记作 $x \sim$ Weibull(m, η)，则其概率密度函数为

$$f(x) = \frac{x^{m-1}}{\eta^m} \exp\left[-\left(\frac{x}{\eta}\right)^m \right] \tag{6-21}$$

假设质量表征参数的工艺要求范围为 $x_L < x < x_H$，则基于该质量表征参数的产品加工工艺可靠度为

$$R_{\text{工艺}} = \int_{x_L}^{x_H} \frac{\tau^{m-1}}{\eta^m} \exp\left[-\left(\frac{\tau}{\eta}\right)^m \right] d\tau = \exp\left[-\left(\frac{x_L}{\eta}\right)^m \right] - \exp\left[-\left(\frac{x_H}{\eta}\right)^m \right] \tag{6-22}$$

(3) 对数正态分布 假设柴油机机身关键工艺质量表征参数 x 服从对数正态分布,其对数的均值为 μ,对数的方差为 σ^2,对数的标准差为 σ,将其分布记作 $\ln x \sim N(\mu,\sigma^2)$,则其概率密度函数为

$$f(x) = \frac{1}{\sigma\sqrt{2\pi}}\exp\left[-\left(\frac{(\ln x-\mu)^2}{2\sigma^2}\right)\right] \tag{6-23}$$

假设质量表征参数的工艺要求范围为 $x_L < x < x_H$,则基于该质量表征参数的产品加工工艺可靠度为

$$R_{\text{工艺}} = \int_{x_L}^{x_H} \frac{1}{\sigma\sqrt{2\pi}}\exp\left[-\frac{(\ln\tau-\mu)^2}{2\sigma^2}\right]d\tau \tag{6-24}$$

2. 随机分布假设检验

假设从一批柴油机机身中随机抽取 n 个机身,对其质量表征参数进行测量,测量得到的结果分别为 $x_1,\cdots,x_n$。假设

H_0:X 的概率密度为

$$f_0(x;\mu,\sigma^2) = \frac{2}{\sqrt{2\pi}\sigma}e^{-\frac{(x-\mu)^2}{2\sigma^2}} \tag{6-25}$$

基于极大似然函数估计法可得 μ、σ^2 的估计值 $\hat{\mu}$、$\hat{\sigma}^2$,根据测量结果将在 H_0 下 X 可能取值的全体 Ω 分成 $k>3$ 个互不相交的子集 $A_1,A_2,\cdots,A_k$,以 $v_i(i=1,2,\cdots,k)$ 记 $x_1,\cdots,x_n$ 落在 A_i 中的个数,则事件 $A_i = \{X \text{的值落在} A_i \text{内}\}$ 的频率为 v_i/n。

当 H_0 为真时,由 H_0 所假设的分布函数来计算 $P(A_i)$,得到

$$\hat{p}_i = \hat{P}(A_i) = \int_{A_i} \frac{2}{\sqrt{2\pi}\,\hat{\sigma}} e^{-\frac{(x-\hat{\mu})^2}{2\hat{\sigma}^2}} dx \tag{6-26}$$

取 $\chi^2 = \sum_{i=1}^{k} \frac{v_i^2}{n\hat{p}_i} - n$ 作为检验假设 H_0 的统计量。可以证明,在 H_0 为真时有 $\chi^2 \sim \chi^2(k-3)$,因此检验假设 H_0 的拒绝域为 $\chi^2 \geq \chi_\alpha^2(k-3)$,其中 α 为显著性水平。

3. 随机分布特征参数估计

假设通过分布假设检验得出其分布服从正态分布,则其均值和方差的估计值可以分别表示为

$$\hat{\mu} = \frac{1}{n}\sum_{i=1}^{n} x_i \tag{6-27}$$

$$\hat{\sigma} = \sqrt{\frac{1}{n-1}\sum_{i=1}^{n}(x_i-\hat{\mu})^2} \tag{6-28}$$

假设通过分布假设检验得出其分布服从威布尔分布,则其分布参数的估计值可以分别表示为

$$\hat{m} = \frac{n\sum_{i=1}^{n}\left\{\ln x_i \ln\left[\ln\left(\frac{1}{1-\frac{i}{n+1}}\right)\right]\right\} - \sum_{i=1}^{n}\ln\left[\ln\left(\frac{1}{1-\frac{i}{n+1}}\right)\right]\sum_{i=1}^{n}x_i}{n\sum_{i=1}^{n}(\ln x_i)^2 - \left(\sum_{i=1}^{n}\ln x_i\right)^2} \quad (6\text{-}29)$$

$$\hat{\eta} = \exp(\overline{Y} - \overline{x}/\hat{\beta}) \quad (6\text{-}30)$$

$$\overline{x} = \frac{1}{n}\sum_{i=1}^{n}\ln\left[\ln\left(\frac{1}{1-\frac{i}{n-1}}\right)\right], \quad \overline{Y} = \frac{1}{n}\sum_{i=1}^{n}\ln x_i。$$

假设通过分布假设检验得出其分布服从对数正态分布，则其分布参数 μ，σ 的估计值可以分别表示为

$$\hat{\mu} = \frac{1}{n}\sum_{i=1}^{n}\ln x_i \quad (6\text{-}31)$$

$$\hat{\sigma} = \sqrt{\frac{1}{n-1}\sum_{i=1}^{n}(\ln x_i - \hat{\mu})^2} \quad (6\text{-}32)$$

6.3.3 基于柴油机机身实测质量数据的工艺可靠度的点估计

基于前述研究结果，柴油机机身关键质量表征参数为曲轴孔同轴度、曲轴孔对气缸孔的垂直度，因此对随机抽取的 n 台柴油机机身的曲轴孔同轴度、曲轴孔对气缸孔的垂直度进行测量。曲轴孔同轴度与气缸孔对曲轴孔的垂直度的超出公差范围分别为：曲轴孔同轴度误差 $\phi \geq 0.06\text{mm}$、气缸孔对曲轴孔的垂直度误差 $\geq 0.05\text{mm}$。两种情况中，发生任意一种或两种都发生则机身加工失效。

假设经过随机分布检验得到曲轴孔同轴度的测量结果服从正态分布，分布参数的估计值分别为 μ_ϕ, σ_ϕ^2；气缸孔对曲轴孔的垂直度的测量结果服从正态分布，分布参数的估计值分别为 $\mu_\perp, \sigma_\perp^2$，则基于试验数据的柴油机机身加工工艺可靠度为

$$\begin{aligned} R_{\text{工艺}} &= R_\phi R_\perp \\ &= \int_0^{0.06}\frac{1}{\sigma_\phi\sqrt{2\pi}}\exp\left[-\frac{(\tau-\mu_\phi)^2}{2\sigma_\phi^2}\right]\mathrm{d}\tau \int_0^{0.05}\frac{1}{\sigma\sqrt{2\pi}}\exp\left[-\frac{(s-\mu_\perp)^2}{2\sigma_\perp^2}\right]\mathrm{d}s \end{aligned}$$
$$(6\text{-}33)$$

6.3.4 基于柴油机机身实测质量数据的工艺可靠度的区间估计

采用 Bootstrap 方法对试验样本量进行重构，用于工艺可靠度的区间估计。Bootstrap 方法是美国统计学家 Efron 于 1979 年首次提出的，其实质是一个再生样本的过程，用原样本自身的数据得到新的样本及统计量，即利用放回重复抽样的

方法得到新的样本。其基本思想认为经验分布函数是总体的良好拟合，而在小样本情况下，其经验分布有可能严重偏离总体分布，从而产生较大的估计误差。

假设从一批柴油机机身中随机抽取 n 个机身，分别对其同轴度及垂直度进行测量，测量得到的同轴度为 $x_{\phi 1}, x_{\phi 2}, \cdots, x_{\phi n}$，测量得到的垂直度为 $x_{\perp 1}, x_{\perp 2}, \cdots, x_{\perp n}$，采用非参数再抽样样本的方法得到再生样本数据，其过程如下所示：

步骤一：令 $p=1$；

步骤二：利用计算机产生 $[0,1]$ 区间上均匀分布的随机数 γ；

步骤三：令 $\xi = (n-1)\gamma$，$i = [\xi] + 1$，$[\cdot]$ 为下取整；

步骤四：令 $x^* = x_i + (\xi - i + 1)(x_{i+1} - x_i)$，此处 x^* 即为再生样本数据；

步骤五：重复以上步骤 n 次，即可得到同轴度再抽样样本集为 $x_\phi^* = (x_{\phi 1}^*, x_{\phi 2}^*, \cdots, x_{\phi n}^*)$，垂直度再抽样样本集为 $x_\perp^* = (x_{\perp 1}^*, x_{\perp 2}^*, \cdots, x_{\perp n}^*)$。

步骤六：基于再生样本 x_ϕ^*、$x_\perp^*$ 分别对质量表征参数的随机分布参数进行估计；

步骤七：基于式（6-18）计算在柴油机同轴度、垂直度都在公差范围内的概率；

步骤八：重复以上步骤 P 次，即可得到 P 个可靠度值 $R^* = (R_1^*, \cdots, R_P^*)$；

步骤九：对 P 个可靠度值按照从大到小的顺序进行排序，可得 $(R_{(1)}^*, \cdots, R_{(P)}^*)$，在置信度为 $1-\alpha$ 下，柴油机可靠度的置信下限为 $\hat{R}_{(L)}^*$，其中 $L = P\alpha/2$，柴油机可靠度的置信下限为 $\hat{R}_{(H)}^*$，其中 $H = P(1-\alpha/2)$。

因此，最终可得柴油机加工工艺可靠度的置信区间为 $[\hat{R}_{(L)}^*, \hat{R}_{(H)}^*]$，且再抽样样本组数 P 通常根据具体情况在 1000~10000 之间选取。

6.4 本章小结

本章确定了机身加工关键工艺质量表征参数，并根据统计结果对其进行赋值，基于正交试验法和响应面模型建立了柴油机机身加工关键质量表征参数加工工艺可靠性模型，同时考虑到以往柴油机机身加工失效情况的调查结果、无错判概率、其他特征的影响。从工艺稳定性的角度，基于蒙特卡罗仿真结果对柴油机机身加工工艺可靠度进行估计，基于响应面模型定量分析了残余应力对柴油机机身加工工艺可靠性的影响。研究结果表明，减小柴油机机身残余应力，可提高工艺可靠性，研究结果为有效提升柴油机机身加工可靠性、加工工艺优化措施的提出提供了参考和依据。

第 7 章　船用柴油机机身工艺误差传递网络的建立与分析

工艺误差传递网络是一种用于描述工件质量同其加工中的工况要素之间关系的一种网络模型，通过对工艺误差传递网络的分析，能够展现工件在多工序加工过程中的误差生成、累积和传递规律。为建立柴油机机身工艺误差传递网络，需根据机身的工艺信息及加工特点，提取出工艺信息并加以处理，从而抽象出机身工艺误差传递网络的节点及节点之间的传递关系。

7.1　工艺误差传递网络的建立

7.1.1　机身工艺误差传递网络节点的定义

机身是船用柴油机的基础零部件，其起到将柴油机的轴、套等零件进行装配的作用，并使相关零件能保持正确的位置关系以完成所规定的运动。机身的机械加工质量对船用柴油机的装配质量和性能都产生了直接的影响。因此在实际生产过程中对于机身的加工质量往往存在着较高的工艺要求，而由于机身的工序繁多，机身的加工质量本质上可通过其各个工序所输出的质量特性值（表面质量、尺寸精度、几何公差等）的集合进行描述。

如图 7-1 所示，机身的结构复杂，因此导致机身的加工过程具备多设备、多工位及多基准的特点，这也就使机身的加工过程不仅会受到机床、刀具、夹具等工艺资源状态的影响，还可能会发生前工序的输出质量误差对后工序输出质量产生影响的情况。换言之，机身的加工质量实际上是机身工艺过程中多个误差流传递累积的结果。

为了更好地描述机身加工工序同输出质量间的传递关系，将机身的每道工序分解成多个加工特征，每个加工特征则对应着其特有的质量特性，机身的加工特征及其对应的主要质量特性见表 7-1。

根据表 7-1 中所提供的柴油机机身加工的工艺信息，定义机身工艺误差传递网络的网络节点分别为加工特征节点、工艺因素误差源节点及质量特征节点，其中加工误差源节点又可分为柴油机机身加工过程中所使用的机床、刀具、夹具等加工要素。

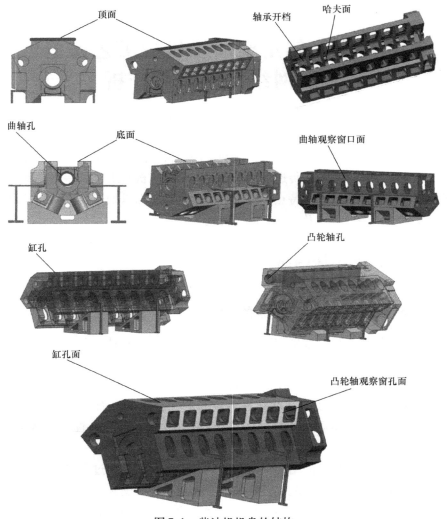

图 7-1 柴油机机身的结构

表 7-1 机身加工特征及其对应的主要质量特性

工序号	加工特征	设备	刀具	夹具（定位元件）	主要质量特性
10	A. 粗铣底面	HX0508	面铣刀（BZ400）	60°V 形块	a. 表面粗糙度
	B. 粗铣顶面				b. 表面粗糙度
15	A. 粗铣轴承开档	HX2122	面铣刀（BZ315）	60°V 形块	a. 表面粗糙度
	B. 粗铣轴承哈夫面				a. 表面粗糙度
	C. 粗铣曲轴观察窗口面		面铣刀（BZ250）		a. 表面粗糙度
	D. 粗铣自由端窗口面				a. 表面粗糙度

第 7 章　船用柴油机机身工艺误差传递网络的建立与分析　87

（续）

工序号	加工特征	设备	刀具	夹具（定位元件）	主要质量特性
20	A. 粗铣两侧气缸孔面	X2122	面铣刀（BZ250）	30°角铁	a. 表面粗糙度
	B. 粗铣两侧凸轮轴观察窗口面				a. 表面粗糙度
25	A. 划工序加工线	三坐标划线机			
30	A. 粗镗气缸孔	X2122	镗刀（BZ330）	30°角铁	a. 孔直径
			镗刀（BZ328）		b. 表面粗糙度
	B. 粗铣两端面		面铣刀（BZ250）		a. 表面粗糙度
35	A. 粗镗凸轮轴孔	6700GA	镗刀（FP33S）	30°角铁	a. 孔直径
					b. 表面粗糙度
60	A. 粗镗曲轴孔	6700GA	镗刀（BZ303）	60°V形块	a. 孔直径
					b. 表面粗糙度
	B. 精铣哈夫面		面铣刀（H25）		a. 表面粗糙度
					b. 平面度
	C. 精铣轴承面开档两侧面				a. 开档两侧面平行度
					b. 同哈夫面垂直度
65	A. 精铣曲轴观察窗口面	HS213	玉米铣刀（BZ80）	30°角铁	a. 表面粗糙度
	B. 精铣自由端窗口面		棒铣刀（BZ40）		a. 表面粗糙度
70	A. 精铣顶面	HX2122	面铣刀（H25）		a. 平面度
					b. 表面粗糙度
	B. 精铣冷却水腔止口面		面铣刀（BZ60）		a. 表面粗糙度
105	A. 精铣底面	6700GA	面铣刀（FP33S）	60°V形块	a. 平面度
					b. 同曲轴孔平行度
					c. 表面粗糙度
	B. 精镗曲轴孔		镗刀（FP13S）		a. 孔直径
					b. 同轴度
					c. 表面粗糙度
	C. 精铣两端面		面铣刀（H25）		a. 平面度
					b. 同曲轴孔垂直度
					c. 表面粗糙度
	D. 粗精镗自由端传动孔系		镗刀（FP13S）		a. 孔直径
					b. 表面粗糙度

（续）

工序号	加工特征	设备	刀具	夹具（定位元件）	主要质量特性
110	A. 精铣缸孔面	6700GA	面铣刀（BZ250）	30°角铁	a. 平面度
					b. 表面粗糙度
	B. 精镗缸孔		镗刀（BZ340）		a. 孔直径
					b. 圆柱度
					c. 同曲轴孔垂直度
					d. 表面粗糙度
113	A. 精铣两侧凸轮轴窗口面	HS213	面铣刀（BZ250）	30°角铁	a. 表面粗糙度
115	A. 精镗凸轮轴孔	6700GA	镗刀（FP33S）	30°角铁	a. 孔直径
					b. 同轴度

为便于网络建模，结合表 7-1 信息，定义机身工艺误差传递网络节点的编码规则见表 7-2。

表 7-2　网络节点编码规则

节点类型	编码规则	实例
加工特征节点（MN）	MN + 工序 ID + 加工特征 ID	MN010A 表示粗铣底面加工特征
质量特征节点（QN）	QN + 工序 ID + 加工特征 ID + 质量特征 ID	QN110Bb 表示曲轴孔同轴度质量特征
工艺因素误差源	工艺因素误差源型号	

7.1.2　机身工艺误差传递网络边关系定义

机身节点之间通过有向线段（即边）来描述不同节点之间的传递关系，将这种传递关系定义为边关系。节点间的边关系主要可分为演化关系、基准关系、顺序关系及属性关系四种形式，其具体描述为如下。

1. 演化关系

机身的质量特征在加工到满足最终质量要求时，往往需要经历由粗加工至半精加工至精加工这三个阶段，因此将这种传递关系定义为演化关系。

2. 基准关系

在机身各道工序加工前，对其定位基准的确定步骤往往是不可或缺的，如曲轴孔对缸孔的垂直关系，以曲轴孔的轴线作为定位基准对缸孔进行加工，这种传递关系定义为基准关系。

3. 顺序关系

机身的加工特征存在加工的先后顺序，如需先精铣缸孔面，再精镗缸孔，顺序关系是将不同加工特征形成传递网络的前提。

4. 属性关系

机身的一个加工特征通常包含多个质量特征，并且一个加工特征的加工也存在多个误差源。这类加工特征同质量特征和加工误差源间的耦合关系定义为属性关系。

7.1.3 机身工艺误差传递网络建模

柴油机机身的工艺误差传递网络的构成包括网络节点及不同节点之间的连边，可定义为 $<\{W, M, Q\}, E>$。其中，$W = \{W_1, W_2, W_3, \cdots, W_l\}$ 表示机体加工过程中的工艺因素误差源节点集合；$M = \{M_1, M_2, M_3, \cdots, M_m\}$ 表示机体加工工序分解得到的加工特征节点集合；$Q = \{Q_1, Q_2, Q_3, \cdots, Q_n\}$ 表示加工特征所输出的质量特征节点集合；$E = \{E_1, E_2, E_3, \cdots, E_k\}$ 表示误差传递网络中的有向边集，描述了各节点之间的传递关系。

根据工艺误差传递网络边关系的描述可知，不同加工特征节点间的传递连接主要依靠的是演化关系、基准关系和顺序关系，而单个加工特征节点同质量特征节点和加工误差源节点之间的传递连接依靠的是属性关系。其中，演化关系、基准关系和属性关系是工艺误差的主要传递通道，定义存在演化关系、基准关系和属性关系的节点所构成的误差传递网络为工艺误差传递子网络。图 7-2 所示为工艺误差传递子网络示意图，图中的 ER、BR、AR 分别表示演化关系（evolutionary relationship）、基准关系（benchmark relationship）和属性关系（attribute relationship）。

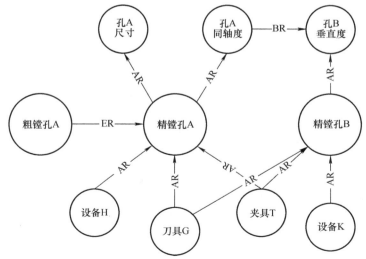

图 7-2 工艺误差传递子网络

基于所建立的机身工艺误差传递子网络，依据加工特征间顺序关系，对所建立的各个工艺误差传递子网络进行合并，从而最终形成机身的工艺误差传递网络。

7.2 工艺误差传递网络的分析

7.2.1 工艺误差传递网络拓扑关系评价指标

为实现机身工艺误差传递网络的分析，往往需要引入拓扑关系评价指标，从单个节点和网络两个层次对机身工艺误差传递网络的拓扑关系进行研究。常用的拓扑关系评价指标见表7-3。

表7-3 常用拓扑关系评价指标

评价指标	公式	定义
节点度	$k_i = \sum_j a_{ji}$	节点和其他相关节点的关联程度
平均度	$<k> = \frac{1}{N}\sum_i k_i$	衡量网络的紧密连接程度
网络直径	$D = \max_{i,j} d_{ij}$	表示机身工艺规程的复杂程度
平均聚集系数	$C = \frac{1}{N}\sum_{i=1}^{N} c_i$	表示网络中节点倾向于聚集的程度
平均最短路径	$L = \frac{2}{N(N+1)}\sum_{i \geq j} d_{ij}$	表示网络中任意两节点间的最短路径平均值

虽然上述指标能够对网络的性能和节点间的关联程度进行描述，但在机身工艺误差传递网络中，并不是每个节点都具备相同的关键度，因此应准确地对机身工艺误差传递网络中的节点进行关键度排序，即准确地找出机身加工的关键质量控制节点。定义节点的关键度为所有指向该节点的节点权重之和，即在对机体加工误差传递网络中的节点关键度进行排名之前，首先需要知道各个节点的权重。然而在实际的机体加工过程中，除去人为的主观判断，很难单纯地通过加工工艺去获取各个节点的权重，为此引入 PageRank 算法对机体加工误差传递网络中网络节点的关键度进行计算。

PageRank 算法通过假设各个节点的权重是相同的，根据节点的初始权重，算出各个节点的第一次迭代后的权重，之后再根据第一次迭代获得的节点权重计算出第二次迭代的节点权重，并以此类推直至节点的权重收敛到稳定值，并将该稳定值称为节点的 PageRank 值。PageRank 算法的迭代规则如式（7-1）所示：

$$A = \begin{bmatrix} a_{11} & \cdots & a_{1n} & \cdots & a_{1M} \\ \vdots & & \vdots & & \vdots \\ a_{m1} & \cdots & a_{mn} & \cdots & a_{mM} \\ \vdots & & \vdots & & \vdots \\ a_{M1} & \cdots & a_{Mn} & \cdots & a_{MM} \end{bmatrix} \quad (7\text{-}1)$$

$$B_i = AB_{i-1} \quad (7\text{-}2)$$

式中，B_i 为第 i 次迭代后的网络节点 PageRank 值矩阵，节点的初始 PageRank 值 B_0 均设置为 $1/N$，N 为网络中的节点数目；矩阵 A 中 a_{mn} 是网络中第 m 个网络节点指向第 n 个网络节点的边数。

虽然通过 PageRank 算法能够获得机身工艺误差传递网络中各个节点的权重，但其反映的是节点间的传递关系，而质量特征节点作为整个工艺误差传递网络的最终输出，其并不能很好地反映质量特征节点的影响关系。因此，对于机身关键质量特征的筛选，质量特征节点的重要性评价可通过定义其影响度 E 对其进行评定。

为此，首先将各节点的权重以 PageRank 值进行赋值，定义质量特征的加权出度 O，其表示所分析质量特征节点对其他质量特征节点的影响程度，即

$$O = \omega_M \sum_{i \in Q_{oi}} \omega_i \quad (7\text{-}3)$$

式中，ω_M 为所分析质量特征节点对应的加工特征节点的权重；ω_i 为所分析质量特征节点向外指向的其他质量特征的权重；Q_{oi} 为所分析质量特征节点向外指向的其他质量特征节点的集合。

同理，定义质量特征的加权入度 P，其表示其他质量特征节点对所分析质量特征节点的影响程度，即

$$P = \omega_M \sum_{j \in Q_{pj}} \omega_j \quad (7\text{-}4)$$

式中，ω_M 为所分析质量特征节点对应的加工特征节点的权重；ω_j 为指向所分析质量特征节点的其他质量特征节点的权重（包含自身权重）；Q_{pj} 为指向所分析质量特征节点的其他质量特征节点集合。

质量特征节点的影响度 E 可表示为

$$E = O + P \quad (7\text{-}5)$$

7.2.2 工艺误差传递网络分析结果

根据上述分析内容，建立如图 7-3 所示的柴油机机身工艺误差传递网络，其中网络节点的大小代表其 PageRank 值的大小，即网络节点越大，其重要度越高。

根据工艺误差传递网络的分析结果可以看出，加工误差源节点中机身加工中

所用 V 形块和角铁对机身的加工质量形成有着重要作用，而设备编号为 6700AG 的科堡龙门镗铣床在机身的加工过程中也扮演着重要的角色。

在加工特征节点中，将 PageRank 值较大的加工特征节点定义为机身关键加工特征，根据工序号进行聚类，可以发现关键加工特征所对应的工序号分别为 30、35、60、105、110、115，分别对应曲轴孔、缸孔和凸轮轴的质量形成过程及哈夫面、端面和缸孔面的精加工过程，参考工艺人员经验，分析结果符合柴油机机身的实际加工。综上所述，将 V 形块、角铁、6700GA 镗铣床及机身的关键加工特征共同作为机身加工的关键质量控制点。

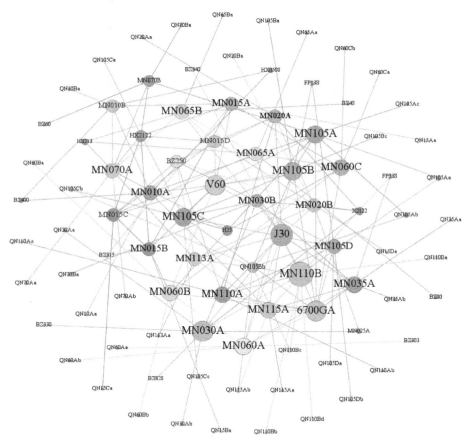

图 7-3　柴油机机身工艺误差传递网络

而对于关键质量特征节点的提取，因其处于工艺误差传递网络的输出位置，且输出形式为加工特征节点向质量特征节点的一对一单向输出，所以若使用 PageeRank 算法进行关键质量特征节点的识别是不公平的。因此，本章基于 7.2.1 小节所述质量特征节点加权影响度的计算方法实现对质量特征节点的关键性评价，图 7-4 所示为质量特征节点的误差影响度曲线。

从质量特征节点的误差影响度曲线图中可以看出，编码号为"QN105Ab""QN105Bb""QN105Cb""QN105Bc""QN115Ab"的质量特征影响度明显高于其余节点，其中 QN105Ab（曲轴孔同轴度）的影响度最高，其次为 QN105Bc（缸孔垂直度）、QN115Ab（凸轮轴孔同轴度）、QN105Cb（底面和曲轴孔的平行度）和 QN105Ab（端面和曲轴孔的垂直度）。以上质量特征即为基于误差传递网络分析得到的柴油机机身关键质量特征。

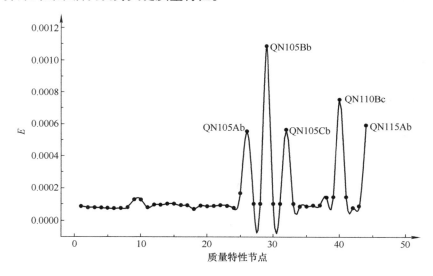

图 7-4　质量特征节点的误差影响度曲线

7.3　本章小结

本章对柴油机机身工艺误差传递网络的节点和边关系进行了定义，阐述了柴油机机身工艺误差传递网络的建模方法，提出了机身工艺误差传递网络中节点关键度和影响度的排序方法，最后基于上述理论对机身工艺误差传递网络进行了分析，确定了机身加工过程中的关键质量控制点和关键质量特征。

第8章 船用柴油机机身加工质量预测及优化方法

根据柴油机机身的工艺误差传递网络分析结果，可以有选择性地针对关键质量特征建立质量预测模型，从而起到对机身质量不合格情况的预警作用。为此本章对机身质量预测模型的构建方法进行了探讨，定义了预测模型输入变量的类型及量化方法，并给出了预测算法及其参数优化的流程。最后通过实例对本章所提出的柴油机机身加工质量预测方法的有效性进行了验证。

8.1 质量预测模型的构建方法

常用的质量预测模型包括多元自适应回归样条模型、克里金模型、支持向量回归（SVR）模型及径向基函数（RBF）模型等，依据问题类型的不同选择适当的质量预测方法进行求解。根据柴油机机身的小批量加工特点，其加工质量预测问题属于小样本问题，在样本数量有限的情况下，SVR 和 RBF 方法相较于其他预测模型建立方法具有较好的拟合效果，但柴油机机身的预测模型并不完全基于固定数据进行训练，随着机身的持续加工，训练数据集中的数据量不断增加，训练数据集也将随之不断进行更新，因此本文选择泛化能力更强的支持向量回归算法来进行预测模型的建立。

8.1.1 质量预测流程

本文提出的柴油机机身质量预测模型的建立基础为第 7 章所构建的机身工艺误差传递网络，图 8-1 所示为柴油机机身质量预测流程。

柴油机机身输出质量类型繁多，因此如图 8-1 所示的柴油机机身质量预测流程所示，在机身的实际加工质量预测中，可根据所研究的柴油机机身工艺误差传递网络的质量特征节点度排序结果，对机身的关键质量特征进行加工质量预测。综上，本文以机身关键质量特征为输出，把传统切削工艺参数和误差传递网络中关键质量特征所对应的工艺因素误差共同作为输入，从而建立柴油机机身的加工质量预测模型。本文所提出的机身质量预测流程，相较于常用的质量预测方案，考虑了机身加工前的工艺系统实时状态，因此可获得更为准确的质量预测结果。

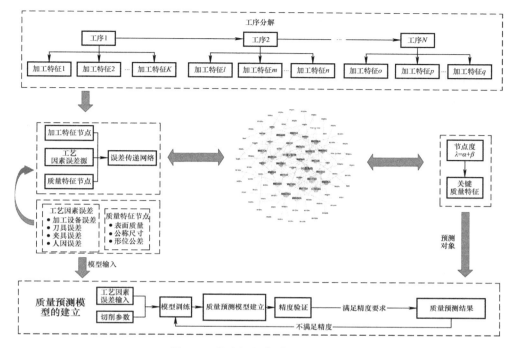

图 8-1 柴油机机身质量预测流程

8.1.2 支持向量回归算法原理

支持向量回归（SVR）问题可描述为：基于给定数据集 $D=\{(x_1,y_1),(x_2,y_2),\cdots,(x_m,y_m)\}$，拟合得到一个可表示为 $f(x)=\boldsymbol{\omega}^\mathrm{T}x+b$ 的回归模型，该算法的目标是使 $f(x)$ 和 y 之间的偏差尽可能小。

与传统回归模型不同的是，在 SVR 算法的理论思想中，$f(x)$ 和 y 之间被允许存在大小为 ε 的误差，仅当出现 $f(x)$ 与 y 之间的偏差大于 ε 误差的情况，才会对损失进行计算。如图 8-2 中黑色圆点样本，即落入 ε 间隔带内的样本都不计算损失；而图 8-2 中白色圆点所代表的落在间隔带外的或者间隔带边缘上的样本，才会被计入最后的损失。

在 SVR 中，通过最小化 $\boldsymbol{\omega}$ 的值来使该回归模型尽量平坦，并可以将尽可能多的样本点包含在间隔带中，由此将 SVR 问题转化成一个凸优化问题。

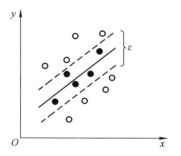

图 8-2 支持向量回归示意图

$$\min \frac{1}{2}\|\boldsymbol{\omega}\|^2 + C\sum_{i=1}^{m}\ell(f(x_i)-y_i) \tag{8-1}$$

式中，C 为正则化常数；ℓ 为 ε 损失函数，其形式如下

$$\ell(z) = \begin{cases} 0, & \text{若} |z| \leq \varepsilon; \\ |z| - \varepsilon, & \text{其他} \end{cases} \quad (8\text{-}2)$$

由式（8-1）和式（8-2）可以看出，当 C 为无穷大时，会迫使所有的样本均处于间隔带中，当 C 为 0 时，则所有样本均可以落在间隔带外。

但 ℓ 函数作为一个不连续且非凸的函数，其数学性质加大了对式（8-1）的求解难度，因此通过引入松弛变量 ξ_i 将式（8-1）重写为

$$\begin{aligned} &\min \frac{1}{2} \|\omega\|^2 + C \sum_{i=1}^{m} (\hat{\xi}_i + \xi_i) \\ &\text{s.t.} \ f(x) - y_i \leq \varepsilon + \hat{\xi}_i, \\ &y_i - f(x) \leq \varepsilon + \xi_i, \\ &\hat{\xi}_i \geq 0, \xi \geq 0, i = 1, 2, \cdots, m \end{aligned} \quad (8\text{-}3)$$

引入 Lagrange 乘子法，得到式（8-3）的 Lagrange 函数：

$$\begin{aligned} L = &\frac{1}{2} \|\omega\|^2 + C \sum_{i=1}^{m} (\hat{\xi}_i + \xi_i) - \sum_{i=1}^{m} \mu_i \xi_i - \\ &\sum_{i=1}^{m} \hat{\mu}_i \hat{\xi}_i + \sum_{i=1}^{m} \alpha_i (f(x_i) - y_i - \varepsilon - \xi_i) + \\ &\sum_{i=1}^{m} \hat{\alpha}_i (y_i - f(x_i) - \varepsilon - \hat{\xi}_i) \end{aligned} \quad (8\text{-}4)$$

通过令 L 对 $\omega, b, \hat{\xi}_i, \xi_i$ 的偏导为零，并代入式（8-4），从而得到 SVR 的回归函数为

$$f(x) = \sum_{i=1}^{m} (\hat{\alpha}_i - \alpha_i) k(x_i, x) + b \quad (8\text{-}5)$$

式中，$k(x_i, x) = \Phi(x_i)^T \Phi(x)$ 为核函数，$\Phi(x_i)$ 和 $\Phi(x)$ 为 x_i 和 x 非线性映射后的特征矢量。

因高斯函数跟踪性好且没有记忆性，本文将其作为支持向量回归（SVR）算法的核函数，可表示为

$$k(x_i, x) = \exp\left(-\frac{\|x_i - x\|^2}{2g^2}\right) \quad (8\text{-}6)$$

式中，g 为高斯函数的标准差。

8.1.3 蚁狮算法原理

根据 SVR 的求解原理，正则化常数 C 会直接影响模型的复杂度和逼近误差的程度，高斯核函数的唯一参数 g 则关系着函数的径向作用范围。但因 C, g 参数影响作用的不确定性，目前常用穷举等方法对参数进行寻优，尽管穷举方法无须设置多余算法参数，对寻优收敛程度影响小，但其具备一定的盲目性，从而导

致试验较为复杂且耗时较长。为此本文选用蚁狮算法（ALO）进行 SVR 参数的优化，该算法是近年来所提出的一种元启发式算法，其设置参数少、全局搜索能力强的特点十分贴合 SVR 参数寻优的需求。蚁狮算法模拟的是蚁狮捕食蚂蚁的过程，其具体步骤如下。

1. 步骤一：陷阱构建

基于适应度值，蚁狮通过轮盘赌的方式构建陷阱，由于适应度值较高，因此蚁狮可以有较高的概率捕捉到蚂蚁。

2. 步骤二：蚂蚁的随机游走

蚂蚁在搜索空间中处于随机游走状态，其游走步长可定义为

$$X(t) = [0, cumsum(2r(t_1) - 1), \cdots, cumsum(2r(t_n) - 1)] \quad (8-7)$$

式中，$cumsum$ 为蚂蚁随机游走的位置累积和；t_n 为随机游走步长；n 为最大迭代次数；$r(t)$ 为式（8-8）所示的随机函数。

$$r(t) = \begin{cases} 1 & \text{当 } rand > 0.5 \\ 0 & \text{当 } rand \leqslant 0.5 \end{cases} \quad (8-8)$$

式中，$rand$ 为区间 [0,1] 上的随机数。

为保证蚂蚁游走区域的限制性，对其位置 X_i^t 进行标准归一化处理

$$X_i^t = \frac{(X_i^t - a_i)(d_i^t - c_i^t)}{(b_i - a_i)} + c_i^t \quad (8-9)$$

式中，a_i 和 b_i 分别为第 i 个变量在随机游走范围内步长 $X(t)$ 的最小值与最大值；c_i^t 和 d_i^t 分别为第 t 次迭代第 i 个变量的最小值与最大值。

3. 步骤三：蚂蚁游走至陷阱

蚂蚁游走范围由蚁狮陷阱控制，可以表示为

$$\begin{aligned} c_i^t &= Antlion_j^t + c^t \\ d_i^t &= Antlion_j^t + d^t \end{aligned} \quad (8-10)$$

式中，c^t 和 d^t 为所有变量在第 t 次迭代时最小值和最小值；$Antlion_j^t$ 为第 t 次迭代中得到的第 j 个蚁狮的位置。

4. 步骤四：蚂蚁落入陷阱中心

当蚂蚁进入陷阱时，蚁狮通过向陷阱外抛沙来限制蚂蚁的随机游走，可表示为

$$\begin{aligned} c^t &= \frac{c^t}{I} \\ d^t &= \frac{d^t}{I} \end{aligned} \quad (8-11)$$

式中，t 为当前迭代；T 为最大迭代次数；I 为比率，I 的计算方法如式（8-12）所示。

$$I = 10^{\omega} \frac{t}{T} = \begin{cases} \omega = 2, 0.1T < t \leq 0.5T \\ \omega = 3, 0.5T < t \leq 0.75T \\ \omega = 4, 0.75T < t \leq 0.9T \\ \omega = 5, 0.9T < t \leq 0.95T \\ \omega = 6, 0.95T < t \leq T \end{cases} \quad (8\text{-}12)$$

5. 步骤五：陷阱重建

当蚁狮在成功捕食到蚂蚁时，表示当前蚂蚁的适应度高于蚁狮，将蚁狮的位置更新为当前蚂蚁所在的位置，并在该位置继续构建陷阱，即

$$Antlion_j^t = Ant_i^t, \text{ 若 } f(Ant_i^t) > f(Antlion_j^t) \quad (8\text{-}13)$$

式中，t 为当前迭代；Ant_i^t 为第 i 只蚂蚁在第 t 次迭代时的位置。

6. 步骤六：精英化

在算法的迭代过程中，会出现一只捕食概率更高的蚁狮，将其定义为精英蚁狮，其对应为优化过程中每一步的最优解。蚂蚁将围绕轮盘赌所选择的蚁狮和精英蚁狮随机游走，即蚂蚁的位置将更新为

$$Ant_i^t = \frac{R_A^t + R_E^t}{2} \quad (8\text{-}14)$$

式中，R_A^t 为第 t 次迭代中围绕轮盘赌选择的蚁狮的随机游走；R_E^t 为第 t 次迭代中围绕精英蚁狮附近的随机游走。

8.1.4 质量预测模型的建立流程

基于上述 SVR 和 ALO 算法原理，如图 8-3 所示，使用 ALO – SVR 方法进行柴油机机身加工质量预测模型的建立，其具体步骤可描述如下：

（1）步骤一　对柴油机机身加工试验数据进行归一化预处理，按一定比例将加工试验数据划分为训练集和测试集，其中机身工艺系统的误差因素和工艺参数为模型输入，加工质量特征值为模型输出。

（2）步骤二　设置算法参数，包括蚂蚁和蚁狮的种群数量、变量数、最大迭代次数、上下界值，其中因优化对象为 SVR 的 C 和 g 参数，因此变量数固定为 2，上下界值即为所设定 C，g 参数值的范围。

（3）步骤三　适应度函数定义，定义适应度函数为加工质量特征预测值和真实值之间的 R 平方值。

（4）步骤四　参数寻优，基于预设算法参数及适应度函数，使用 ALO 算法进行 SVR 正则化常数 C 和核函数参数 g 的寻优。

（5）步骤五　柴油机机身加工质量预测模型的构建，基于 ALO 算法寻优所得 SVR 正则化常数 C 和核函数参数 g，通过 SVR 预测算法进行柴油机机身加工质量预测模型的构建并输出模型精度。

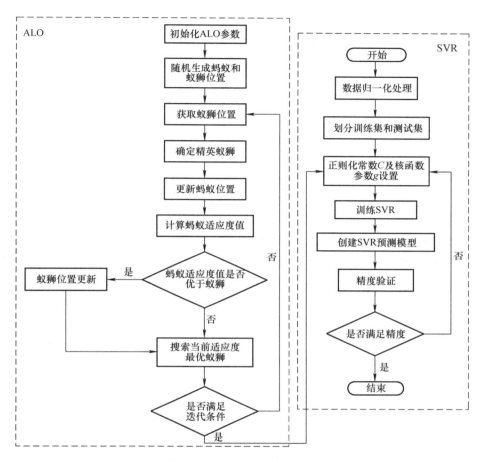

图 8-3 ALO-SVR 算法流程

8.2 误差因素统计量化方法研究

工件加工过程中的输入包括工艺系统的工艺因素误差输入和切削参数输入，以往对工件加工质量预测的研究往往只考虑了切削参数对质量的影响，而忽视了工艺因素误差对质量的影响，从而导致所建立的质量预测模型在实际加工中预测效果较为一般。为提高质量预测模型在实际加工过程中的预测准确度，本文基于对柴油机机身加工工艺误差传递的研究，将工艺参数、工艺因素误差共同作为预测模型的输入项，以柴油机机身的关键质量特征为预测输出项，从而建立柴油机机身加工质量预测模型，工艺因素误差的量化方式如下。

1. 机床误差

在机体的加工过程中，机床的主轴跳动将对其回转精度造成直接的影响，对此选取机床的主轴振动程度 ε_s 对机床的加工状态进行表征，详见表 8-1。

表 8-1　机床主轴振动分级表

主轴振动程度	评价
0	无振动
0.1~0.3	轻振动，机床处于精加工状态
0.4~0.6	中振动，机床处于振动较大的粗加工状态，运行状态良好
0.7~0.9	重振动，机床状态不佳，振动严重
1	机床处于应当立即停机的剧烈振动状态

2. 夹具误差

夹具一般是由定位元件及夹紧装置等元件组成的，对夹具误差的建模，本文主要考虑的是定位元件的误差。根据柴油机机身的加工工艺信息，其加工所使用的定位元件分为 V 形块和角铁，因此定义机体加工过程中的夹具误差 ε_f 为

$$\varepsilon_f = \Delta_i + \Delta_j \tag{8-15}$$

式中，Δ_i 为由于制造误差或使用磨损导致的定位元件实际角度与理想角度的偏差；Δ_j 为由摆放导致的定位元件实际位置与理想位置的偏差。

3. 刀具误差

刀具磨损对刀具变形起着十分重要的作用，故通过刀具磨损量 ε_t 来表示刀具误差

$$\varepsilon_t = \frac{t'}{t} \tag{8-16}$$

式中，t' 为刀具已使用时间；t 为刀具的理论寿命。

4. 人为因素误差

将人为因素误差 ε_c 定义为由工人经验及思考时间所导致的工人操作水平的不同，人的行为表现与其所受到的物理刺激之间具有如下的指数关系

$$O(p) = O_M(1 - e^{-P}) \tag{8-17}$$

式中，$O(p)$ 为人在受到外界刺激后的行为表现；O_M 为人在未受到任何外界刺激时的原始表现；P 为对行为产生影响的外界刺激。

将式（8-17）引入柴油机机身的实际加工中，可表示为

$$\varepsilon_c = \rho_e(1 - e^{-\rho_t}) \tag{8-18}$$

式中，ε_c 为人因误差；ρ_e 为操作工人的操作经验；ρ_t 为操作工人的思考时间。

将工人经验定义为机身加工中操作工人完成某一工序所达到的熟练程度，量化为

$$\rho_e = \frac{H}{H_M} \tag{8-19}$$

式中，H 为操作工完成某一工序的次数；H_M 是某型号柴油机机身加工的总次数。

操作工人的思考时间越长，其操作过程中产生风险的可能越小，将思考时间定义为

$$\rho_t = \frac{T - T_0}{T_M - T_0} \qquad (8\text{-}20)$$

式中，T 为机身某一工序任务的总时长；T_0 为该工序的辅助时间；T_M 为该工序加工历史记录中所使用的最长时长。

8.3 柴油机机身加工质量预测实例验证

曲轴孔同轴度为机身的关键质量特征之一，以某型号柴油机机身曲轴孔同轴度作为加工质量预测对象进行实例验证，表 8-2 所示为其加工试验数据采集表，表 8-2 中 ε_s、ε_f、ε_t、ε_c 分别表示设备误差、夹具误差、刀具误差及人因误差，n、f、a_p 分别表示转速（r/min）、进给速度（mm/min）及背吃刀量（mm）。

表 8-2 "曲轴孔同轴度"的样本数据采集表（部分）

序号	输入							输出
	工艺因素误差				工艺参数			质量特征
	ε_s	ε_f	ε_t	ε_c	$n/$(r/min)	$f/$(mm/min)	$a_p/$mm	同轴度/mm
1	0.1	0.111	0.079	0.078	184.6	19.8	0.39	0.0718
2	0.2	0.096	0.08	0.07	177.6	19.9	0.47	0.0722
3	0.1	0.116	0.087	0.064	176.5	17.3	0.41	0.0664
4	0.1	0.103	0.085	0.074	178.3	22.3	0.49	0.0749
5	0.1	0.108	0.062	0.072	180.4	22	0.56	0.0756
6	0.1	0.109	0.093	0.068	183.3	20.9	0.53	0.0747
7	0.2	0.093	0.091	0.07	176.1	22.8	0.44	0.073
8	0.1	0.113	0.09	0.07	182.7	18.9	0.38	0.0688
9	0.1	0.113	0.057	0.072	181.4	21.9	0.64	0.078
10	0.1	0.122	0.063	0.073	187.9	21.3	0.65	0.0798
11	0.1	0.094	0.069	0.076	179.6	21.6	0.5	0.074
12	0.1	0.121	0.088	0.073	180.8	19.2	0.43	0.0722
13	0.1	0.116	0.071	0.079	174.4	21.1	0.61	0.0797
14	0.2	0.113	0.15	0.072	172.7	19.6	0.46	0.0752
15	0.1	0.116	0.084	0.07	182.2	18.6	0.49	0.0726
16	0.1	0.108	0.087	0.076	178.4	17.9	0.57	0.0764

（续）

序号	输入							输出
	工艺因素误差				工艺参数			质量特征
	ε_s	ε_f	ε_t	ε_c	$n/(\text{r/min})$	$f/(\text{mm/min})$	a_p/mm	同轴度/mm
17	0.1	0.119	0.085	0.062	184.1	23.5	0.41	0.0697
18	0.1	0.114	0.069	0.065	177	19	0.33	0.0634
19	0.1	0.102	0.086	0.068	193.4	20.8	0.53	0.0745
20	0.1	0.109	0.072	0.076	182.1	17.7	0.52	0.074
⋮								
41	0.1	0.101	0.089	0.07	186.8	20.3	0.5	0.0735
42	0.1	0.119	0.073	0.067	179	15.7	0.54	0.0708
43	0.1	0.115	0.078	0.071	179.7	18.3	0.59	0.0756
44	0.3	0.108	0.07	0.076	185.8	16.8	0.59	0.078
45	0.2	0.117	0.09	0.077	185.1	18.5	0.46	0.0761
46	0.1	0.099	0.079	0.074	174.6	20.7	0.56	0.0756
47	0.2	0.092	0.082	0.064	170.2	20	0.51	0.0708
48	0.1	0.118	0.095	0.07	175.3	24.7	0.47	0.0751
49	0.1	0.119	0.085	0.076	170.9	19.4	0.43	0.0723
50	0.1	0.099	0.08	0.061	180.9	20.3	0.54	0.0704

基于以上试验数据，利用 MATLAB 数值分析平台实现机身曲轴孔同轴度加工质量预测模型的构建，SVR 算法核函数为高斯函数，通过 ALO 算法获取 SVR 最优正则化常数 $C = 181.0193$，最优核函数参数 $g = 0.002$。以序号 41~50 的数据作为测试集代入预测模型，对模型精度进行验证，图 8-4 所示为测试集预测结果。

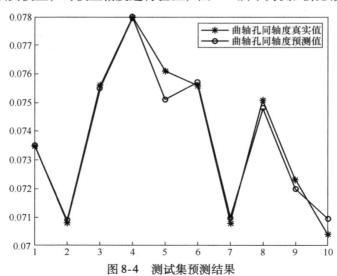

图 8-4 测试集预测结果

对所建立的曲轴孔同轴度预测模型的精确性进行验证,使用 R^2 对预测模型的拟合程度进行评判,其数学模型表达如下

$$R^2 = \frac{\sum_{i=1}^{m}(y_i - y_i')^2}{\sum_{i=1}^{m}(y_i - \bar{y_i})^2} \quad (8\text{-}21)$$

式中,m 为所验证样本的数目;y_i 为所验证样本的真实值;y_i' 为支持向量回归的预测结果;$\bar{y_i}$ 为所验证样本的平均值。

使用均方根误差来衡量预测模型的预测值同真实值之间的偏差,其数学模型表达如下

$$RMSE = \sqrt{\frac{\sum_{i=1}^{m}(y_i - y_i')^2}{m}} \quad (8\text{-}22)$$

R^2 值越逼近于 1,表明所建立预测模型的拟合度越高;$RMSE$ 值越逼近于 0,表明预测模型的预测值同真实值之间的偏差越小。

以测试集数据为计算样本,计算得到曲轴孔同轴度预测模型的 R^2 值为 0.9755,$RMSE$ 值为 3.9287×10^{-4},可以看出所建立的质量特征 SVR 预测模型较为精确,满足精度要求。

8.4 基于工艺可靠性的机身工艺参数优化方法

8.4.1 优化变量及目标函数的设计

在柴油机机身的加工过程中,工艺参数与机体加工时所承受的切削力及切削温度密切相关,不当的切削力及切削温度容易造成柴油机机身加工变形等缺陷,这些加工缺陷在机身的加工精度上往往会表现为尺寸超差、几何公差超差及表面质量不合要求。而对于机身的加工切削参数优化而言,其优化变量主要包括:切削速度 v(r/min)、背吃刀量 a_p(mm)和进给速度 f(mm/min)。

根据误差传递网络分析结果,关键质量特征是机身加工的主要质量控制要素,因此本文将最小关键质量特征误差 Q 作为优化目标,切削用量作为优化变量,目标函数可表示为

$$\min Q = g(v, a_p, f) \quad (8\text{-}23)$$

8.4.2 约束条件及优化模型的建立

在柴油机机身的实际加工中,其优化存在着先天的工艺限制,如因加工设

备、刀具等因素的制约，机身加工的切削参数均需在某一指定区间内，但为了提高机身的质量，还需根据机身加工过程中所导致的不确定性情况，即可在考虑机身工艺可靠度的条件下对切削参数区间进行进一步约束。

相对于使用可靠性而言，产品的工艺可靠性目前并没有一个明确的定义，不同类型产品的工艺可靠性定义也各不相同，为实现对产品工艺可靠性的客观评价，需首先对产品的加工制造过程进行深刻理解，并在此基础上对产品的可靠性指标进行定义。

对柴油机机身而言，其加工过程往往会受高温、高压影响而发生塑性变形，从而导致机身的已加工表面形成一定层深的残余应力。而残余应力会使机身处于一种不稳定的状态之中，在这种不稳定的状态下，原本加工合格的机身可能会逐渐发生变形，进而影响机身的精度和可靠性。因此本文将机身工艺可靠度定义为机身某道工序后的表面最大残余应力小于许用残余应力的概率，对机身工艺可靠度的计算则采用蒙特卡洛法（MCM）进行求解。MCM 是一种根据输入的概率分布产生随机数，并通过对其重新采样来实现分布传播的数值计算方法，通过 MCM 计算机身加工可靠度时，机身可靠度 P 可表示为

$$P = \iiint_{\sigma<[\sigma]} F_\sigma(v, a_p, f) \mathrm{d}v \mathrm{d}a_p \mathrm{d}f \tag{8-24}$$

式中，切削速度 v、背吃刀量 a_p、进给量 f 为随机变量；$\sigma<[\sigma]$ 表示最大残余应力小于许用残余应力的情况。

可靠性约束的求解目的是为了保证机身加工后的可靠性，因此需对切削速度 v、背吃刀量 a_p、进给速度 f 与可靠度之间的关系进行研究。假设三个关键加工参数皆服从正态分布，可分别用 $N(\mu_v, \sigma_v)$，$N(\mu_{a_p}, \sigma_{a_p})$，$N(\mu_f, \sigma_f)$ 表示。保持变量的标准差不变，通过改变变量的均值，计算不同变量均值条件下的机身可靠度，绘制关于三个随机变量的机身可靠度波动曲线。依据可靠度波动曲线，通过较高平稳性和较高可靠度这两个判定指标确定三个随机变量的可靠性稳定域，对可靠性稳定域的判定需遵从判定指标要求，通过可靠性稳定域可以对切削参数的区间进行进一步的约束，即建立柴油机机身加工切削参数的可靠性约束。

综上，选择关键质量特征误差作为优化目标，切削参数（切削速度 v、背吃刀量 a_p、进给速度 f）作为优化变量，切削参数稳定域作为可靠性约束，建立机身切削参数可靠性优化模型，如下所示

$$\begin{cases} \text{Find } v, a_p, f \\ \min Q = g(v, a_p, f) \\ v_{r\min} \leqslant v \leqslant v_{r\max} \\ a_{p_r\min} \leqslant a_p \leqslant a_{p_r\max} \\ f_{r\min} \leqslant f \leqslant f_{r\max} \end{cases} \tag{8-25}$$

8.4.3　基于 HOOKE – JEEVES 算法改进的粒子群寻优算法

1. 粒子群优化算法概述

粒子群优化算法（PSO）是一种起源于复杂适应系统的进化特性算法，而所谓的复杂适应系统是一种于 1994 年提出的系统思想，其将复杂适应系统中的成员定义为具备适应性的主体，即主体具备同环境或与其他主体交互的能力，在交互过程中，主体能够根据所获得的信息来学习或积累相关经验，并据此改变自身的结构和行为。复杂适应系统中主体的基本特点可概括为：具备主动性和活动性；具备与环境和其他主体相互影响的能力；影响的过程是宏观与微观的有机结合；可能受随机因素的影响。

而粒子群优化算法正是源于复杂适应系统的一种——鸟群社会系统的研究，其模拟的是鸟群在觅食过程中，不同个体间在持续不断地交流最优食物位置信息的行为，从而最终引导原本方向不同的个体聚集至食物周围。将问题所求最优解比喻为鸟群所寻觅的食物，而用粒子来模拟鸟群中的个体，即构成粒子群算法的基本思想。

在粒子群优化算法理论思想中，一个粒子即对应搜索空间内的一个搜索个体，而粒子的飞行过程对应的则是搜索个体的搜索过程，其中粒子具备两个基本属性：速度和位置，速度表示粒子移动的快慢，而位置则表示粒子移动的方向。粒子的当前位置定义为所求优化问题的一个待选最优解，粒子间通过交互信息可确定当前粒子群中的最优个体极值，该最优个体极值即为当前所搜寻到的全局最优解，粒子通过对比自身所搜寻到的个体极值和群体中的最优个体极值，不断地更新速度和位置并进行迭代，在满足终止条件时，得出所求最优解，更新速度及位置的计算公式如下

$$V_{id} = \omega V_{id} + C_1 rand()(P_{id} - X_{id}) + C_2 rand()(P_{gd} - X_{id}) \quad (8-26)$$

$$X_{id} = X_{id} + V_{id} \quad (8-27)$$

式中，t 为当前时刻；$t+1$ 为下一时刻；V_{id} 为第 i 个粒子在第 d 个维度上的速度；X_{id} 为第 i 个粒子在第 d 个维度上的位置；ω 为惯性因子；C_1 和 C_2 分别为个体学习因子及环境学习因子，其取值区间一般为 [0, 4]；$rand()$ 为 [0, 1] 上的随机数；P_{id} 为第 i 个变量的个体极值的第 d 维；P_{gd} 表示全局最优解的第 d 维。

综上，粒子群优化算法的寻优过程可以描述为。

步骤一：初始化粒子群，包括粒子的随机位置和速度。

步骤二：对每个粒子的适应度进行评价。

步骤三：将每个粒子的适应度值和个体极值进行对比，如果较好，则将其作为当前问题的最优解。

步骤四：将每个粒子的适应度值和粒子群中的最优个体极值进行对比，如果

较好,则将其作为问题当前的最优解。

步骤五:更新粒子的速度及位置。

步骤六:未达到终止条件则转向步骤二。

2. Hooke – Jeeves 算法概述

Hooke – Jeeves 是一种直接搜索方法,其核心思想是通过计算和比较函数值,找出函数最优的下降方向,从而解决目标优化问题,其搜索步骤如下。

步骤一:首先给定初始点 $x^1 \in R^n$,对初始步长 δ、加速因子 α、缩减率 β 及精度 ε 进行设置,其中加速因子 $\alpha \geq 1$,缩减率 $\beta \in (0,1)$,精度 $\varepsilon > 0$。令 $y^1 = x^1$,$k=1$,$j=1$;

步骤二:若 $f(y^j + \delta e_j) < f(y^j)$,则令 $y^{j+1} = y^j + \delta e_j$,执行步骤四;否则,执行步骤三;

步骤三:若 $f(y^j - \delta e_j) < f(y^j)$,则令 $y^{j+1} = y^j - \delta e_j$,执行步骤四;否则,令 $y^{j+1} = y^j$,执行步骤四;

步骤四:若 $j<n$,则令 $j: = j+1$(: = 为编程语言中的赋值符号),转到步骤二;否则,执行步骤五;

步骤五:若 $f(y^{n+1}) < f(x^k)$,则执行步骤六;否则,执行步骤七;

步骤六:$x^{k+1} = y^{n+1}$,令 $y^1 = x^{k+1} + \alpha(x^{k+1} - x^k)$,令 $k:=k+1$,转到步骤二;

步骤七:若 $\delta \leq \varepsilon$,则迭代停止,得到点 x^k;否则,令 $\delta: = \beta \delta$,$y^1 = x^k$,$x^{k+1} = x^k$,置 $k: = k+1$,$j=1$,转到步骤二。

根据 Hooke – Jeeves 算法的搜索步骤可见,如何给定一个较佳的初始点位置是保证其寻优精度和寻优速度的关键,因此在使用 Hooke – Jeeves 算法进行参数优化时,应首先保证初始位置的合理性。

3. 算法改进思路

对粒子群优化算法而言,算法的全局收敛性由粒子的飞行速度决定,较大的速度能够保证粒子可以很快飞到最优解附近,但会陷入局部最优的困境,而通过调节惯性因子以避免过早陷入全局时,又会使算法的收敛速度降低。

而 Hooke – Jeeves 算法的搜索原理则是在当前点周围进行搜索,从而找到一个目标函数值低于当前函数值的点。因此本文将局部搜索能力较强的 Hooke – Jeeves 算法和粒子群优化算法相结合,首先应用粒子群优化算法对目标极值在设计空间中所处的区域进行定位,再应用 Hooke – Jeeves 算法针对该区域进行精确寻优,从而获得最优工艺参数组合,简称 HJ – PSO,该算法的寻优步骤如图 8-5 所示。

8.4.4 实例分析

以某型号柴油机机身缸孔加工为研究对象,缸孔垂直度为优化目标,切削参

第 8 章 船用柴油机机身加工质量预测及优化方法

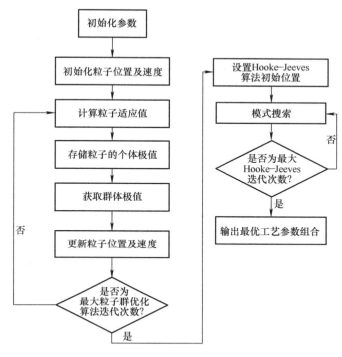

图 8-5 HJ-PSO 的寻优步骤

数（切削速度 v、背吃刀量 a_p、进给速度 f）则为优化变量，其取值范围见表 8-3。

表 8-3 切削参数取值范围

优化变量	$v/(\text{m/min})$	a_p/mm	$f/(\text{mm/r})$
$X_i^{(L)}$（下限）	99.852	0.3	0.4
$X_i^{(U)}$（上限）	166.42	0.5	0.6

采集缸孔加工试验数据（部分）见表 8-4，其中输入为切削参数，输出为缸孔垂直度。

表 8-4 缸孔加工试验数据（部分）

试验号	$v/(\text{m/min})$	a_p/mm	$f/(\text{mm/r})$	$\perp/\text{mm}$
1	156.546	0.4	0.46	0.0503
2	139.838	0.45	0.51	0.0507
3	143.288	0.35	0.41	0.0495
4	122.052	0.42	0.45	0.0469

（续）

试验号	$v/(\text{m/min})$	a_p/mm	$f/(\text{mm/r})$	$\perp/\text{mm}$
5	141.231	0.41	0.51	0.0457
6	118.453	0.46	0.57	0.0531
7	109.77	0.37	0.52	0.0439
8	114.028	0.44	0.48	0.0501
9	150.647	0.45	0.54	0.0521
10	130.538	0.35	0.44	0.048
21	116.903	0.38	0.48	0.047
22	146.499	0.39	0.53	0.0508
23	123.032	0.47	0.4	0.0519
24	134.297	0.41	0.49	0.0445
25	166.325	0.34	0.59	0.0535
41	135.912	0.36	0.46	0.0509
42	127.579	0.32	0.53	0.0477
43	137.862	0.42	0.46	0.0478
44	125.124	0.43	0.56	0.0492
45	131.848	0.5	0.49	0.0533
46	154.121	0.38	0.55	0.0478
47	144.647	0.3	0.52	0.0504
48	100.885	0.4	0.48	0.0492
49	133.862	0.37	0.5	0.0492
50	127.921	0.42	0.55	0.0485

依据试验加工数据及本文第 2 章所提 SVR 算法则可建立起垂直度同切削参数之间的近似模型，即柴油机机身缸孔可靠性优化模型的目标函数，所建立的近似模型 R^2 为 0.905，$RMSE$ 值为 5×10^{-5}，满足精度要求。

使用 AdvantEdge 软件进行缸孔镗削后孔残余应力的仿真，图 8-6 所示为 AdvantEdge 仿真切削模型及后处理模块输出的残余应力沿层深方向的变化曲线。根据图 8-6 可见机身缸孔表层的残余应力主要为拉应力，工件里层的残余应力主要为压应力；表面残余拉应力值最大，沿层深残余拉应力快速减小，在深度 0.3mm 左右残余应力过渡为压应力，在深度 0.5mm 左右残余压应力达到最大值，之后残余应力缓慢趋于 0。

以切削速度、背吃刀量、进给速度三个因素作为自变量，缸孔表面最大残余应力为响应值，根据中心复合响应曲面法试验方案，进行 17 组残余应力的仿真

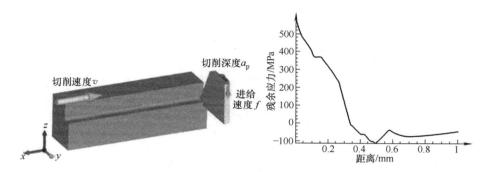

图 8-6 AdvantEdge 仿真切削模型及残余应力变化曲线

试验,试验结果见表 8-5。

表 8-5 残余应力响应曲面仿真试验结果

序号	编码变量			实际变量			响应值
	X_1	X_2	X_3	$v/(\text{m/min})$	a_p/mm	$f/(\text{mm/r})$	σ/MPa
1	-1	1	0	99.852	0.5	0.5	270
2	1	-1	0	166.46	0.3	0.5	466
3	0	1	-1	133.156	0.5	0.4	600
4	0	1	1	133.156	0.5	0.6	642
5	-1	-1	0	99.852	0.3	0.5	390
6	0	-1	1	133.156	0.3	0.6	575
7	-1	0	-1	99.852	0.4	0.4	270
8	0	0	0	133.156	0.4	0.5	510
9	1	0	-1	166.46	0.4	0.4	565
10	0	-1	-1	133.156	0.3	0.4	523
11	0	0	0	133.156	0.4	0.5	510
12	-1	0	1	99.852	0.4	0.6	315
13	1	0	1	166.46	0.4	0.6	530
14	0	0	0	133.156	0.4	0.5	510
15	0	0	0	133.156	0.4	0.5	510
16	1	1	0	166.46	0.5	0.5	517
17	0	0	0	133.156	0.4	0.5	510

为对残余应力仿真值与真实值的差距进行评判,采用盲孔试验法对柴油机机身缸孔的残余应力进行检测试验,图 8-7 所示为缸孔残余应力检测试验。

图 8-7　缸孔残余应力检测试验

将测试值与表 8-5 中的仿真值对比，两者值的大小虽存在一定差距，但测试值和仿真值关于工艺参数的变化趋势却基本相同，而本章对残余应力的研究正是对以残余应力大小作为可靠度的切削参数可靠性稳定域求解，因此在保证仿真值趋势相对准确的前提下，即使是仿真值的精度较低也能满足研究要求，基于仿真数据，得到残余应力关于工艺参数的数学模型

$$\sigma_R = -308 + 32.72 \times v - 4100 \times a_p - 3200 \times f - 0.12 \times v^2 + 3300 \times a_p^2 + 4200 \times f^2 + 12.84 \times v \times a_p - 6.01 \times v \times f - 250 \times a_p \times f \tag{8-28}$$

假设工艺参数满足正态分布，设定其均值及方差（见表 8-6）。

表 8-6　工艺参数分布

工艺参数分布	v	a_p	f
$N(\mu, \sigma^2)$	$N(99.852, 10)$	$N(0.4, 0.01)$	$N(0.5, 0.02)$

基于所建立的响应曲面模型，使用蒙特卡洛法可以求得对应工艺参数分布下的缸孔可靠度。设定表面残余应力许用值为 550MPa，以某个变量为对象，保持另外两个变量的方差不变，在变量区间限制范围内改变所研究变量的均值，计算所对应的可靠度，绘制可靠度关于三个变量的变化曲线，如图 8-8 所示。

根据图 8-8 中的变化曲线，可见切削速度对柴油机机身可靠性的影响不显著，但背吃刀量和进给速度对机身可靠性的影响却较大，且背吃刀量和进给速度的可靠性变化曲线相似。因此可推测，是由于背吃刀量和进给速度都与材料切削量有关，当背吃刀量和进给速度较小时，切屑带走了大量的热量，从而降低了缸孔的残余应力，随着切削速度和进给速度的增加，切屑携带的热量受到限制，切削热效应增强，从而导致缸孔表面的残余应力持续增加。选择可靠性波动相对稳

第 8 章 船用柴油机机身加工质量预测及优化方法

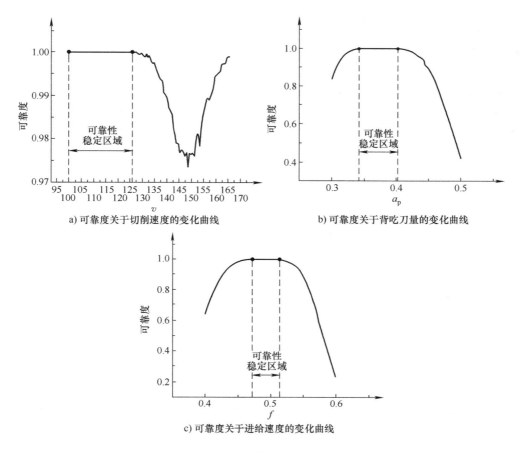

图 8-8 可靠度变化曲线

定的参数间隔作为柴油机机身缸孔加工的可靠性稳定域约束见表 8-7，其中，X_R^L 和 X_R^U 分别代表可靠性稳定域区间的下限和上限。

表 8-7 可靠性稳定域

优化变量	$v/(\text{m/min})$	a_p/mm	$f/(\text{mm/r})$
X_R^L	99.852	0.342	0.472
X_R^U	124.932	0.402	0.514

据此可建立柴油机机身缸孔加工切削参数的可靠性优化模型

$$Find\ v, a_p, f$$
$$\min g(v, a_p, f)$$
$$99.852\text{m/min} \leqslant v \leqslant 124.932\text{m/min}$$

$$0.342\text{mm} \leq a_p \leq 0.402\text{mm}$$
$$0.472\text{mm/r} \leq f \leq 0.514\text{mm/r} \tag{8-29}$$

为了证明基于 Hooke-Jeeves 算法改进的粒子群算法在求解优化问题上的优越性,将该算法与一般粒子群算法进行比较。粒子群优化算法参数设置为:惯性因子 $\omega = 0.9$,个体学习因子、环境学习因子 $C_1 = C_2 = 0.9$,最大迭代次数 20 次,粒子数 10 个,最大飞行速度 100。HJ-PSO 的参数设置如下:初始步长 $\delta = 0.5$,归约率 $\beta = 0.5$,加速因子 $\alpha = 1$,精度 $\varepsilon = 10^{-6}$,其他参数与粒子群算法相同,其参数设置见表 8-8。

表 8-8 算法参数设置

算法参数类型	参数值
粒子群优化算法的最大迭代次数/次	20
Hooke-Jeeves 的最大迭代次数/次	10
惯性系数 ω	0.9
个体学习因子 C_1	0.9
环境学习因子 C_2	0.9
粒子数 M/个	10
最大飞行速度 $V_{\max}$	100
初始步长 δ	0.5
缩减率 β	0.5
加速因子 α	1
精度 ε	10^{-6}

分别采用标准粒子群优化算法和本文所提出的 HJ-PSO 来求解优化模型,上述两种算法均独立运行 20 次,各算法的目标函数优化结果的平均值和方差见表 8-9。

表 8-9 优化结果对比

	粒子群优化算法	HJ-PSO
平均值	0.04336	0.04302
方差	5.262×10^{-4}	4.956×10^{-5}

通过对优化结果的比较可以看出,在相同的迭代次数下,HJ-PSO 在搜索全局最优值时,比粒子群优化算法的优化结果更好。此外,标准差的比较表明,HJ-PSO 的稳定性明显优于粒子群优化算法。

将迭代次数设置为 100 次,采用 HJ-PSO 求解缸孔垂直度加工工艺参数的最优组合,图 8-9 所示为 HJ-PSO 算法迭代过程。

从图 8-9 中可以看出,当迭代次数达到 35 次左右时,HJ-PSO 算法开始收

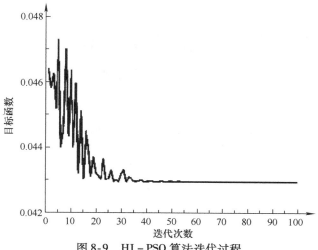

图 8-9 HJ-PSO 算法迭代过程

敛，对应的目标函数值即缸孔垂直度为 0.04294mm，此时相应的切削速度为 101.032m/min，背吃刀量为 0.352mm，进给速度为 0.508mm/r。

基于上述求得的切削参数组合进行缸孔镗削加工，测得缸孔垂直度为 0.0437mm，与理想目标函数值之间存在 1.77% 的误差，考虑为机身加工过程系统误差所导致。图 8-10 所示为柴油机机身缸孔及其加工过程。

图 8-10 柴油机机身缸孔及其加工过程

8.5 本章小结

本章根据柴油机机身的工艺误差传递关系，首先分析了工艺因素误差和切削参数共同作为输入，关键质量特征值作为输出的机身加工质量预测流程。其中，预测算法选用支持向量回归算法（SVR），并使用 ALO 蚁狮算法对 SVR 的最优参数进行了求寻优。其次，对工艺因素误差的量化方法进行了定义。最终通过实例验证了所述机身加工质量预测方法的有效性。

第 9 章　船用柴油机机身孔系相似工序质量控制图

船用柴油机机身加工过程中孔系（缸孔、曲轴孔、凸轮轴）加工工序繁多且复杂，同时机身加工符合小批量生产模式，结合机身加工的实际情况，引入成组技术的理论方法来判定机身孔系镗削工序的相似性，通过应用相对公差法将成组工序的孔系质量特性数据进行标准化处理，并对标准化后的数据进行检验，以扩大机身孔系质量特性数据样本容量，通过绘制适合机身生产的质量控制图，进而实现用统计过程控制（SPC）方法对柴油机机身孔系加工质量的控制，达到提高孔系加工质量及精度的目的。

9.1　相似工序评定与统计过程控制相关理论

9.1.1　工序成组技术

成组技术是利用生产技术科学来识别挖掘生产活动相关事务的相似性，将事务通过特定的准则分类成组，使同组事务可通过相同的方法处理以使经济效益最大化。由于零件在尺寸、加工工艺及方法等多方面存在大量的相似性，因而将许多不同零部件按照其某些特征的相似性分类成组，再把有相似特征的零部件分为一组，则可使不同的零件在同一个机床，同一组刀具及夹具的情况下进行加工，有效地提高了产品设计加工及材料运输等多方面的效率。

成组技术先判断工序是否相似再将相似工序分类成组，最终形成成组工序。目前有四种判定工序相似的方法，分别如下：

1. 视检法

该方法又称目测分类法，即在生产过程中，经验丰富的操作工人或者技术人员依据自己的个人经验，解读图样和工艺来判定工序是否相似，再将具有一定相似性的工序分类成组，最终形成成组工序。此法在零件数量不多的情况下使用较为合适，但其过分依赖工作人员的生产经验且具有较大的主观性和片面性。

2. 生产流程分析法

此方法依据工艺流程和加工设备明细表等生产资料来分析工序流程，可将在同一组机械加工的工序分成一类，形成工序族。生产流程分析法的准确性过于依赖企业的在加工过程中的技术资料，在企业技术资料完整的情况下采用此法，效果较佳。然而，在实际生产过程中，众多中小型企业并没有全面准确的技术资料，因而在分析过程中有一定的局限性，且实际分析过程中也掺杂着主观性，量化生产资料的难度很大。

3. 编码分类法

编码分类选取代表实际意义的字符，按码分类。首先制定编码系统用于零件分类，即给定所有影响零件的因素一个编码，然后针对某一具体零件，把与此零件相关信息所对应的编码取出，然后将相似编码的零件归为一类，从而形成零件族。工序编码分类与此相似，可将生产过程中的诸多因素进行编码，将相似编码的工序归为一类，从而形成成组工序，编码字符可以由数字或字母中的最少一种字符表示。编码分类法看上去简单，但实际过程中由于不同企业在加工过程的影响因素有所不同，很难形成一套统一的编码系统，因而不具备普适性。

4. 模糊聚类法

模糊聚类法通常以事物间的特征相似性为基础，构建事务模糊相似关系，而后通过模糊数学对事物间的特征相似性进行量化处理来对事物进行聚类分析。不同的相似系数会产生不同的分类结果，常见的确定相似系数的方法有：加权距离法、类平均法、最远（最近）距离法等。该方法是一种定性分类转为定量分类的方法，较前三种方法极大改善了主观性和片面性，但在现实中，事物间很多情况的隶属度没有那么明确，故在一定程度上限制了模糊聚类法的应用。

通过对判定工序相似方法的综合分析，明确各类相似工序成组方法的优劣，为弥补上述方法在船用柴油机机身孔系相似成组技术上的不足，提出了基于直觉模糊集的方法用于船用柴油机机身孔系加工工艺的分类成组。

9.1.2 直觉模糊集理论

使用直觉模糊集理论进行船舶柴油机机身相似工序评定，引入如下直觉模糊集相关理论。

理论1：存在非空集合 E，对集合 E 上一元素 x，可定义形式如下的直觉模糊集合 A：

$$A = \{\langle x, \mu_A(x), v_A(x) \rangle | x \in E\} \tag{9-1}$$

式中，$\mu_A(x)$ 为集合 E 中元素 x 属于直觉模糊集合 A 的隶属度；$v_A(x)$ 是集合 E 中元素 x 属于直觉模糊集合 A 的非隶属度，有

$$\mu_A(x): E \to [0,1], x \in E \to \mu_A(x) \in [0,1] \tag{9-2}$$

$$v_A(x): E \to [0,1], x \in E \to v_A(x) \in [0,1] \tag{9-3}$$

满足 $0 \leq \mu_A(x) + v_A(x) \leq 1, x \in E$，则

$$\pi_A(x) = 1 - \mu_A(x) - v_A(x) \tag{9-4}$$

式中，$\pi_A(x)$ 为 A 中的元素 x 的直觉指数（又称直觉项），$0 \leq \pi_A(x) \leq 1$。直觉

指数表示 x 相对于 A 的犹豫程度。直觉模糊集可记为 $A = \langle x, \mu_A(x), v_A(x) \rangle$，集合 A 中的每一个 $\langle x, \mu_A(x), v_A(x) \rangle$ 为直觉模糊值。

理论 2：形如 $\overline{A} = \{\langle x, \mu_A(x), v_A(x) \rangle | x \in E\}$ 为直觉模糊集 $A = \{\langle x, \mu_A(x), v_A(x) \rangle | x \notin E\}$ 的补集。

理论 3：设非空集合 E，存在直觉模糊集合 A。其中直觉模糊集合 A 有两个直觉模糊值，分别为 $\langle x, \mu_A(x), v_A(x) \rangle$ 和 $\langle y, \mu_A(y), v_A(y) \rangle$。则 x，y 两直觉模糊值之间的相似度 $M(x,y)$ 可由式（9-5）计算

$$M(x,y) = 1 - [(\mu_A(x) - \mu_A(y))^2 + (v_A(x) - v_A(y))^2 + (\pi_A(x) - \pi_A(y))^2]^{1/2} \quad (9\text{-}5)$$

$M(x,y)$ 满足下列性质：

1）$M(x,y) = M(y,x)$。
2）$M(x,y) = M(\overline{x}, \overline{y})$。
3）$M(x,y) = 0$，当且仅当 x 和 y 是 $\langle 0, 0 \rangle$、$\langle 0, 1 \rangle$、$\langle 1, 0 \rangle$ 中的任意两个。
4）$M(x,y) = 1$，当且仅当 $\mu_A(x) = \mu_A(y)$，且 $v_A(x) = v_A(y)$。
5）若 $M(x,y) = M(x,z)$，则 $M(y,z) = 1$。

理论 4：存在非空集合 $E = \{x_1, x_2, x_3, \cdots\}$，其中 A，B 两个直觉模糊集属于 E，则直觉模糊集 A 和 B 的相似度 $S(A,B)$ 可由式（9-6）和式（9-7）计算

$$S(A,B) = \frac{1}{n} \sum_{i=1}^{n} M_{AB}(x_i) = \frac{1}{n} \sum_{i=1}^{n} (1 - \rho) \quad (9\text{-}6)$$

$$\rho = \left\{ \frac{1}{2}[(\mu_A(x) - \mu_A(y))^2 + (v_A(x) - v_A(y))^2 + (\pi_A(x) - \pi_A(y))^2] \right\}^{1/2} \quad (9\text{-}7)$$

显然，$S(A,B) \in (0,1)$，并且 $S(A,B)$ 的值越大，则模糊集 A 与 B 越相似。$S(A,B)$ 满足下列性质：

1）$S(A,B) = S(B,A)$。
2）$S(A,B) = 0$，等价于 A 和 B 对应的同一个 x_i 取 $\langle 0, 0 \rangle$，$\langle 0, 1 \rangle$，$\langle 1, 0 \rangle$ 中的任意两个。
3）$S(A,B) = 1$，等价于 $\mu_A(x_i) = \mu_B(x_i)$，且 $v_A(x_i) = v_B(x_i)$。

理论 5：直觉模糊集之间的加权相似度量。

设存在两个直觉模糊数 $\langle x, \mu_A(x), v_A(x) \rangle$，$\langle y, \mu_A(y), v_A(y) \rangle$ 属于直觉模糊集 A，$\pi_A(x) = 1 - \mu_A(x) - v_A(x)$，$\pi_A(y) = 1 - \mu_A(y) - v_A(y)$ 分别是 x，y 的直觉指数，则 x 与 y 之间的加权相似度量 $w(x,y)$ 可由式（9-8）和式（9-9）计算：

$$w(x,y) = 1 - \gamma^{1/2} \quad (9\text{-}8)$$

$$\gamma = \frac{1}{2}[\lambda_1(\mu_A(x) - \mu_A(y))^2 +$$
$$\lambda_2(v_A(x) - v_A(y))^2 + \lambda_3(\pi_A(x) - \pi\mu_A(y))^2]^{1/2} \qquad (9-9)$$

式中，$0 < \lambda_1, \lambda_2, \lambda_3 < 1$，且 $\lambda_1 + \lambda_2 + \lambda_3 = 1$。

理论6：直觉模糊集之间的加权相似度量。

存在两个非空的模糊直觉集，则 A、B 之间的加权相似度量 $W(A,B)$ 可表示为

$$W(A,B) = \sum_{j=1}^{n} \omega_i M_{AB}(x_i) = \sum_{j=1}^{n} \omega_i (1 - \Psi^{1/2}) \qquad (9-10)$$

$$\Psi = \frac{1}{2}[(\mu_A(x_i) - \mu_B(x_i))^2 + (v_A(x_i) - v_B(x_i))^2 + (\pi_A(x_i) - \pi_B(x_i))^2] \qquad (9-11)$$

式中，$0 < \omega_1, \cdots, \omega_n < 1$，且 $\sum_{i=1}^{n} \omega_i = 1$。

9.1.3 质量控制图

质量控制图作为统计过程控制的一种重要手段而被广泛应用，其利用产品的质量特征值，通过绘制控制图来分析和控制产品的质量，控制图主要描绘的是质量特征数据随时间的变化，可通过控制图来监测并及时发现异常，其形如图9-1所示。

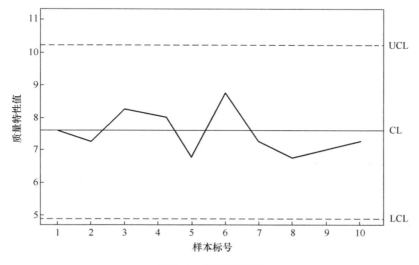

图9-1 质量控制图

质量控制图纵坐标表示产品的质量特征数据，质量特征数据主要为产品单值数据、均值数据、极差数据等；横坐标表示按时间变化的样本标号。控制图中还存在三条控制线，分别是上控制线（UCL），中心线（CL）及下控制线（LCL）。其中单值极差控制图的参数计算如下

控制图均值由式（9-12）计算。

$$\overline{Y} = \frac{1}{n}\sum_{k=1}^{n} Y_k \qquad (9\text{-}12)$$

式中，Y_k 为第 k 个质量特性值。

控制图移动极差平均值由式（9-13）计算。

$$\overline{R_s} = \frac{1}{n-1}\sum_{k=2}^{n} |Y_k - Y_{k-1}| \qquad (9\text{-}13)$$

估计总方差由式（9-14）计算。

$$\sigma = \frac{1}{n-1}\sum_{k=2}^{n} (Y_k - \overline{Y})^2 \qquad (9\text{-}14)$$

基于样本极差的期望值和标准差值，均值控制线可由式（9-15）、式（9-16）、式（9-17）计算，

$$UCL = \overline{Y} + 2.66\overline{R_s} \qquad (9\text{-}15)$$

$$CL = \overline{Y} \qquad (9\text{-}16)$$

$$LCL = \overline{Y} - 2.66\overline{R_s} \qquad (9\text{-}17)$$

式中，UCL 为均值控制图上控制线；CL 为均值控制图中心线；LCL 为均值控制图下控制线。

移动极差控制限由式（9-18）、式（9-19）、式（9-20）计算。

$$UCL = 3.267\overline{R_s} \qquad (9\text{-}18)$$

$$CL = \overline{R_s} \qquad (9\text{-}19)$$

$$LCL = 0 \qquad (9\text{-}20)$$

控制图的控制线可由正态分布原理计算而得，样本点应随机分布于上下控制线内。在加工过程中，产品处于受控状态须满足以下条件：

1）连续 25 个样本点都随机分布于上下控制线内。

2）连续 34 个样本点可有 1 个样本点出界，其余样本点均落在上下控制线内。

3）连续 100 个样本点可有 2 个样本点出界，其余样本点均落在上下控制线内。

除满足样本随机落在上下控制线内外，还需满足样本点随机分布，因而还有下列判别异常准则。

1）样本点在控制线外。

2）9个连续样本点落在中心线一侧。

3）6个连续样本点依次上升或者下降。

4）14个连续相邻样本点上下交替分布，呈现规律性。

5）3个连续样本点中有2个样本点分布在中心线同一侧，且距离中心线超过2σ。

6）5个连续样本点中有4个样本点分布在中心线同一侧，且距离中心线超过σ。

7）15个连续样本点分布在中心线两侧，且距离中心线均小于σ。

8）8个连续样本点分布在中心线两侧，且距离中心线均大于σ。

若发现控制图存在异常点，应及时查明原因并排除异常点。除异常点外剩余样本点依旧可以与新采集的样本点共同绘制新的控制图。

9.2 基于直觉模糊集的机身孔系相似工序评定

9.2.1 关键孔系镗削工序加工过程影响因素分析

为了研究船用柴油机机身孔系工序间的相似性，为柴油机机身统计过程控制的应用提供理论支持，需对影响孔系加工工序质量的所有因素进行全面、系统的分析与研究。影响加工制造质量的因素有许多，一般情况下可以将其归结为六大方面。工序加工过程主要受设备（machine）、材料（material）、方法（method）、人员（manpower）、测量（measurement）和环境（environment）六种因素影响。

在机身加工过程中，六类一级影响因素包含众多对应的二级影响因素，如果将众多因素都仔细分解讨论，那么需要考虑的因素体系会非常巨大，判断因素会过于冗杂，且许多小的影响因素并不是主要的影响因素，不仅不能对结果产生任何作用，还会使船用柴油机机身孔系相似性判断模型变得更复杂。本文在船用柴油机机身加工车间实地考察的基础上，结合产品质量管理控制的相关知识及专家意见，得出孔系加工过程的影响因素见表9-1。

表9-1 孔系加工过程的影响因素

人员因素	设备因素	环境因素	方法因素	材料因素	测量因素
学历	设备类型	温度	加工类型	毛坯材质	测量人员等级
工作经验	机床夹具	湿度	复杂程度	相对加工性	测量设备
单位考评	刀具	光照	热处理方式	储存方式	人员责任心
学习能力	机器维护	噪声	零件加工参数	材料合格率	测量误差
工作精神状态	设施布局	振动	加工精度		

(续)

人员因素	设备因素	环境因素	方法因素	材料因素	测量因素
操作熟练度	设备综合效率	卫生			
专业知识					
职业资格等级					
工作责任心					

虽然根据现场状况及参考质量管理学相关文献分析获得影响机身孔系加工工序相似性的一级、二级因素集，但具体生产过程中工序相似性的影响因素还需询问实际生产者后进行筛选与确定，精选出主要影响因素，排除一些无关因素，缩小相似工序判定模型，从而节约时间。本文采用调查问卷的方式询问企业操作工人、技术专家、质检人员等不同职务的工作人员，对表 9-1 中因素的影响程度打分。打分采用李克特量表积分法，其中最低分记作 1 分，表示几乎无影响，最高分记作 5 分，表示有很大影响。李克特量表是最常用的评分加总式量表，能够从主观和客观两方面对调查问卷对象的意见进行衡量，对判定机身孔系加工因素分析有非常大的作用。

对调查问卷的结果可进行可信度及效率分析，通过指标信度指数来评价调查问卷结果的可信度，取值范围在 0~1 之间。当指标信度指数大于 0.7 时，表示调查问卷的数据有较高可信度，可以进行效度分析。调查问卷数据的效度分析结果由可计算的取样适切性量数（KMO）值来评定，被用作相关变量间比较的 KMO 值是简单相关系数及偏相关系数的指标，KMO 的取值范围为 0~1，KMO 值越大表示变量的关联性越强，变量越适合进行因子分析。其中指标在 0.6 以上适合进行因子分析，否则不适合。最后为了简化因素分析，可使用 Minitab 软件对各影响因素进行分析，精选出一级影响因素的主要指标作为二级影响因素进行工序相似性评定分析，结果见表 9-2。

表 9-2 机身孔系镗削工序的影响因素

一级影响因素	二级影响因素	解释说明
人员	工作经验	工作工龄
	近期综合测评	优、良、中、差
设备	设备类型	车床、铣床、刨床、磨床等
	刀具类型	车刀、铣刀、砂轮等
	夹具类型	通用夹具、专用夹具、组合夹具等
材料	零件材质	45 钢、合金钢、铸铁等
方法	加工类型	车、铣、刨、磨、镗、拉等
	加工精度	IT1~IT8

(续)

一级影响因素	二级影响因素	解释说明
环境	环境温度	冷、适中、较热、热
	光照强度	暗、适中、较亮、亮
	振动	慢、适中、较快、快
	噪声	静、适中、较响、响
测量	测量人员等级	初级、中级、高级
	测量工具	雷尼绍等

9.2.2　基于层次分析法的评价模型

1. 建立影响因素递进层次结构

上述已经对影响船用柴油机机身质量的各因素进行了讨论，但相似工序评定的一个关键问题就是如何确定上文中各因素的权重。因为在具体的加工过程中，影响产品质量的因素也很多，但众多因素对产品质量影响的程度各不相同，所以为了确定各个因素对产品质量的影响程度，需要为各因素配置一个权重。在整个判定过程中，各因素的权重分配起着不可或缺、至关重要的作用，权重的分配会直接影响相似工序的评定结果。所以，须使用科学合理的方法来分配权重。确立权重的方法众多，包括层次分析法、基于数理统计或者模糊数学的方法和基于实验结果的权重配置方法等。本文选用一种针对多目标综合评价的方法——基于层次分析法（analytic hierarchy process，AHP）的权重配置方法。层次分析法在20世纪70年代被美国运筹学家萨蒂提出，此方法是一种定性定量相结合的方法，由于具有简明、系统和科学等多种优点被人们所重视且广泛传播。使用这个方法，需要将影响因素分为三个层次，分别是目标层、准则层、方案层。层次结构模型如图9-2所示。

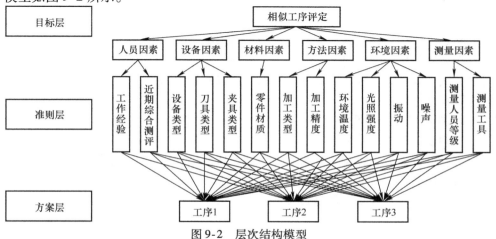

图9-2　层次结构模型

假设有若干工序需要进行工序相似评定，影响工序质量的一级因素构建一个集合为 $\{c_1, c_j, \cdots, c_m\}$，每一个一级因素所配置的权重集合为 $\{\omega_1, \cdots, \omega_j, \cdots, \omega_m\}$。影响工序质量的二级因素构建的集合为 $\{D_{11}, \cdots, D_{1l_1}, \cdots, D_{j1}, \cdots, D_{jk}, \cdots, D_{jl_k}, \cdots, D_{m1}, \cdots, D_{ml_m}\}$，其中 D_{jk} 表示第 j 个一级影响因素所对应的第 k 个二级影响因素；每一个二级影响因素所配置的权重集合为 $\{\Phi_{11}, \cdots, \Phi_{1l_1}, \cdots, \Phi_{j1}, \cdots, \Phi_{jk}, \cdots, \Phi_{jl_k}, \cdots, \Phi_{m1}, \cdots, \Phi_{ml_m}\}$，其中 $0 \leq \omega_j \leq 1$，且 $\sum_{j=1}^{m} \omega_j = 1$，$0 \leq \Phi_j \leq 1$，且 $\sum_{k=1}^{l_j} \Phi_{jk} = 1 (j = 1, \cdots, m)$。

2. 构造两两比较的判断矩阵

运用 AHP 建立元素 $a_i(i = 1, \cdots, m)$ 和元素 $a_j(j = 1, \cdots, m)$ 之间的比较，并用 Santy 的 1~9 比较标度来衡量两元素之间的相对重要程度。针对任意两元素之间的相对重要程度，用元素 r_{ij} 来表示元素 a_i 和元素 a_j 比较的大小，其中元素 r_{ij} 的取值范围为 1~9，判断矩阵 A 由 $m \times m$ 个元素构成。表 9-3 所示为各标度含义。

$$A = \begin{bmatrix} r_{11} & \cdots & r_{1m} \\ \vdots & \ddots & \vdots \\ r_{m1} & \cdots & r_{mm} \end{bmatrix} \tag{9-21}$$

表 9-3 各标度含义

标度（r_{ij}）	含　义
1	比较两个元素，a_i 和 a_j 同样重要
3	比较两个元素，a_i 比 a_j 稍微重要
5	比较两个元素，a_i 比 a_j 明显重要
7	比较两个元素，a_i 比 a_j 强烈重要
9	比较两个元素，a_i 比 a_j 极端重要
2、4、6、8	表示相邻两个标度（r_{ij}）的中间值
倒数	比较两个元素 a_i 和 a_j，正反比的标度互为倒数

首先是船用柴油机机身一级影响因素（人、机、料、法、环、测）构建判断矩阵，比较任意两个因素的重要程度。然后用船用柴油机机身二级影响因素构建判断矩阵，比较任意两个二级因素的重要程度。通过询问熟练的技术工人或者专家学者进行比较，并对两个因素进行打分。这种根据层次分析法来确定因素权重的方法，避免了多因素因为性质不同，难以比较的问题，只针对两个因素之间的重要程度进行比较。

3. 判断矩阵一致性检验

当判断矩阵构造完成后，计算各个一级影响因素的权重和各个二级影响因素的权重。首先，需计算每个判断矩阵的最大特征根，称为 $\lambda_{\max}$；并且求得最大特征根所对应的一个特征矢量，称为 ω_j，特征矢量 ω_j 进行归一化处理后得权重矢量。若要验证所求权重矢量是否符合要求，需对判断矩阵进行一致性检验，只有判断矩阵通过一致性检验后方可认为所求得的权重矢量的每一行的值对应为每一个影响因素的权重。验证判断矩阵的一致性,需引入一致性比例 CR。

$$CR = \frac{CI}{RI} \tag{9-22}$$

式中,CI 为一致性指标;RI 为平均随机一致性指标。

通过式(9-23)计算一致性指标 CI

$$CI = \frac{\lambda_{\max} - m}{m - 1} \tag{9-23}$$

式中,$\lambda_{\max}$ 为判断矩阵的最大特征根;m 为判断矩阵的维数。

通过表 9-4 查询平均随机一致性指标。

表 9-4 平均随机一致性指标

矩阵维数 m	1	2	3	4	5	6
RI	0	0	0.58	0.90	1.12	1.24

当 $CR \geqslant 0.1$ 时,则认为判断矩阵的一致性不可接受,须重复上述步骤,直至 $CR < 0.1$,这时所求得权重矢量每一行的值就是每一个影响因素所对应的权重。

9.2.3 机身孔系相似工序评定

船用柴油机机身为薄壁多孔的箱体类零件,结构复杂,生产批量小,其性能直接影响柴油机的质量和寿命。将加工孔系($A^* \sim C^*$)对应的工序分别表示工序($A \sim C$),由于所有孔系属于同一机身,毛坯材料相同均为铸铁。以 A 工序为主工序,其他工序分别与 A 工序进行相似比较,计算三个工序的相似性度量,加工孔系的具体尺寸规格见表 9-5。

表 9-5 三类孔系的尺寸规格 (单位:mm)

孔型	A^*(缸孔)	B^*(曲轴孔)	C^*(凸轮轴孔)
规格	$\phi 260^{+0.016}_{-0.016}$	$\phi 213^{+0.029}_{0}$	$\phi 132^{+0.0125}_{-0.0125}$

首先通过专家评分获得矩阵(9-21),计算矩阵最大特征根和其对应的特征向量,将结果带入判断矩阵从而对数据的一致性进行检验,将所得特征矢量归一化后配置一级影响权重 ω_j 和二级因素权重 Φ_{ij},通过打分分别确定二级因素相对于工序 A、工序 B、工序 C 的隶属度、非隶属度、直觉指数从而得到直觉模糊值 U_{jk},通过计算可知工序间加权相似度量 W 值均大于 0.9,说明孔系之间加工工序相似,结果见表 9-6。

表 9-6 三种孔系的加工工序相似度

因素	ω_i	Φ_{ij}	工序 A	工序 B	工序 C
人员	$\omega_1 = 0.146$	$\Phi_{11} = 0.654$	$U_{11}\langle 0.8, 0.1, 0.1\rangle$	$U_{11}\langle 0.8, 0.1, 0.1\rangle$	$U_{11}\langle 0.8, 0.1, 0.1\rangle$
		$\Phi_{12} = 0.346$	$U_{12}\langle 0.7, 0.1, 0.2\rangle$	$U_{12}\langle 0.7, 0.1, 0.2\rangle$	$U_{12}\langle 0.8, 0.0, 0.2\rangle$
			$U_1\langle 0.765, 0.100, 0.135\rangle$	$U_1\langle 0.765, 0.100, 0.135\rangle$	$U_1\langle 0.800, 0.065, 0.135\rangle$

（续）

因素	ω_i	Φ_{ij}	工序 A	工序 B	工序 C
设备 $\omega_2=0.415$		$\Phi_{21}=0.636$	$U_{21}\langle 0.7,0.2,0.1\rangle$	$U_{21}\langle 0.6,0.2,0.2\rangle$	$U_{21}\langle 0.8,0.0,0.2\rangle$
		$\Phi_{22}=0.208$	$U_{22}\langle 0.7,0.2,0.2\rangle$	$U_{22}\langle 0.9,0.0,0.1\rangle$	$U_{22}\langle 0.8,0.0,0.2\rangle$
		$\Phi_{23}=0.156$	$U_{23}\langle 0.7,0.2,0.1\rangle$	$U_{23}\langle 0.7,0.2,0.1\rangle$	$U_{23}\langle 0.8,0.1,0.1\rangle$
			$U_2\langle 0.700,0.179,0.121\rangle$	$U_2\langle 0.678,0.158,0.164\rangle$	$U_2\langle 0.779,0.036,0.184\rangle$
材料 $\omega_3=0.141$			$U_3\langle 0.7,0.2,0.1\rangle$	$U_3\langle 0.8,0.1,0.1\rangle$	$U_3\langle 0.7,0.2,0.1\rangle$
方法 $\omega_4=0.087$		$\Phi_{41}=0.5$	$U_{41}\langle 0.7,0.2,0.1\rangle$	$U_{41}\langle 0.6,0.2,0.2\rangle$	$U_{41}\langle 0.8,0.1,0.1\rangle$
		$\Phi_{42}=0.5$	$U_{42}\langle 0.7,0.1,0.2\rangle$	$U_{42}\langle 0.8,0.0,0.2\rangle$	$U_{42}\langle 0.8,0.0,0.2\rangle$
			$U_4\langle 0.700,0.150,0.150\rangle$	$U_4\langle 0.700,0.100,0.200\rangle$	$U_4\langle 0.800,0.050,0.150\rangle$
环境 $\omega_5=0.072$		$\Phi_{51}=0.171$	$U_{51}\langle 0.8,0.1,0.1\rangle$	$U_{51}\langle 0.8,0.1,0.1\rangle$	$U_{51}\langle 0.9,0.0,0.1\rangle$
		$\Phi_{52}=0.381$	$U_{52}\langle 0.7,0.1,0.2\rangle$	$U_{52}\langle 0.6,0.3,0.1\rangle$	$U_{52}\langle 0.8,0.1,0.1\rangle$
		$\Phi_{53}=0.316$	$U_{53}\langle 0.7,0.1,0.2\rangle$	$U_{53}\langle 0.7,0.2,0.1\rangle$	$U_{53}\langle 0.9,0.0,0.1\rangle$
		$\Phi_{54}=0.132$	$U_{54}\langle 0.7,0.1,0.2\rangle$	$U_{54}\langle 0.8,0.1,0.1\rangle$	$U_{54}\langle 0.7,0.2,0.1\rangle$
			$U_5\langle 0.717,0.100,0.183\rangle$	$U_5\langle 0.692,0.208,0.100\rangle$	$U_5\langle 0.836,0.065,0.100\rangle$
测量 $\omega_6=0.139$		$\Phi_{61}=0.25$	$U_{61}\langle 0.7,0.1,0.2\rangle$	$U_{61}\langle 0.8,0.0,0.2\rangle$	$U_{61}\langle 0.8,0.0,0.2\rangle$
		$\Phi_{62}=0.75$	$U_{62}\langle 0.8,0.0,0.2\rangle$	$U_{62}\langle 0.7,0.1,0.2\rangle$	$U_{62}\langle 0.7,0.1,0.2\rangle$
			$U_6\langle 0.775,0.025,0.200\rangle$	$U_6\langle 0.725,0.075,0.200\rangle$	$U_6\langle 0.725,0.075,0.200\rangle$

$$W(A,B)=0.9522, W(A,C)=0.9203$$

9.3 相似工序数据处理与质量控制图绘制

9.3.1 基于相对公差法的数据处理方法

在相似的工序质量数据参考情况下，可设法从这些工序中获得更多的质量信息。虽然成组工序都具有一定的相似性，但因为不同工序加工零件的基本尺寸、公差值有所不同，不可直接使用测量数据绘制控制图，需对样本数据进行标准化处理。通过处理的测量数据是服从同一分布的统计量，从而使用统计过程控制（SPC）图控制产品质量。

1. 数据标准化与正态性检验

相似工序采集数据按照以下步骤进行：首先假设有 A、B、C……相似工序，分别对相似工序组采集数据；然后假设每个工序共有 n 批零件，再分别采集每一批次零件的质量数据；最后假设每一批零件中又有 m 个零件，最终采集的数据为 x_{ijk}。x_{ijk} 表示在第 i 个相似工序的第 j 批次中第 k 个零件的数据。

如果工序处于受控状态，质量特性数据应符合正态分布，$x_{ijk} \sim N(\mu_i, \sigma_i^2)$，令

$$X_{ijk} = \frac{x_{ijk} - M_i}{T_i} \tag{9-24}$$

式中，X_{ijk} 为标准化数据；x_{ijk} 为第 i 个相似工序的第 j 批批次中第 k 个零件的实测值；M_i 为第 i 个相似工序的公差中心；T_i 为第 i 个工序的公差值。根据正态分布的性质可知，$X_{ijk} \sim N\left(\dfrac{\mu_i - M_i}{T_i}, \dfrac{\sigma_i^2}{T_i^2}\right)$。若所有工序的尺寸公差均处于同一精度等级时，则下式成立：

$$\frac{\mu_1 - M_1}{T_1} = \cdots = \frac{\mu_i - M_i}{T_i} \tag{9-25}$$

$$\frac{\sigma_1^2}{T_1^2} = \cdots = \frac{\sigma_i^2}{T_i^2} \tag{9-26}$$

当工序满足式（9-25）和式（9-26），则有 $X_{ijk} \sim N(\mu, \sigma^2)$。部分样本数据使用式（9-24）进行数据转换，采集的数据样本值及转换值见表9-7。在表9-7中，A_k^* 表示采集缸孔第 k 个数据，同理可得 B_k^*、C_k^* 分别表示曲轴孔和凸轮轴孔的数据。

表9-7 三类孔系加工数据样本值及转换值

零件类型	样本序号	实际测量值/mm	基本尺寸/mm	公差值/mm	转换值	极差
A_1^*	1	259.9971			-0.0906	0
A_2^*	2	259.9980			-0.0625	0.0281
A_3^*	3	259.9984			-0.0500	-0.0781
A_4^*	4	260.0038			0.1188	0.1969
A_5^*	5	260.0001			0.0031	-0.1938
A_6^*	6	259.9978			-0.0688	0.1250
A_7^*	7	259.9949			-0.1594	-0.2844
A_8^*	8	260.0044			0.1375	0.4219
A_9^*	9	259.9972			-0.0875	-0.5094
A_{10}^*	10	259.9994	$\phi 260$	0.029	-0.0188	0.4906
A_{11}^*	11	259.9966			-0.1062	-0.5968
A_{12}^*	12	259.9986			-0.0437	0.5531
A_{13}^*	13	260.0013			0.0406	-0.5125
A_{14}^*	14	260.0026			0.0812	0.5937
A_{15}^*	15	259.9966			-0.1062	-0.6999
A_{16}^*	16	259.9994			-0.0188	0.6811
A_{17}^*	17	260.0012			0.0375	-0.6436
A_{18}^*	18	259.9992			-0.0250	0.6186
A_{19}^*	19	260.0001			0.0031	-0.6155
A_{20}^*	20	260.0015			0.0469	0.6624

（续）

零件类型	样本序号	实际测量值/mm	基本尺寸/mm	公差值/mm	转换值	极差
B_1^*	21	212.9987			−0.0448	−0.7072
B_2^*	22	212.9997			−0.0103	0.6969
B_3^*	23	212.9996			−0.0138	−0.7107
B_4^*	24	213.0033			0.1138	0.8245
B_5^*	25	213.0009			0.0310	−0.7935
B_6^*	26	213.0012			0.0414	0.8349
B_7^*	27	213.0019			0.0655	−0.7694
B_8^*	28	213.0034			0.1172	0.8866
B_9^*	29	212.9956			−0.1517	−1.0383
B_{10}^*	30	212.9980			−0.0690	0.9693
B_{11}^*	31	213.0008	$\phi 213$	0.032	0.0276	−0.9417
B_{12}^*	32	212.9987			−0.0448	0.8969
B_{13}^*	33	213.0007			0.0241	−0.8728
B_{14}^*	34	213.0033			0.1138	0.9866
B_{15}^*	35	213.0023			0.0793	−0.9073
B_{16}^*	36	213.0002			0.0069	0.9142
B_{17}^*	37	213.0034			0.1172	−0.7970
B_{18}^*	38	213.0007			0.0241	0.8211
B_{19}^*	39	212.9969			−0.1069	−0.9280
B_{20}^*	40	212.9980			−0.0690	0.8590
B_{21}^*	41	212.9994			−0.0207	−0.8797
B_{22}^*	42	212.9978			−0.0759	0.8038
C_1^*	43	132.0013			0.0520	−0.7518
C_2^*	44	132.0008			0.0320	0.7838
C_3^*	45	132.0034			0.1360	−0.6478
C_4^*	46	131.9963			−0.1480	0.4998
C_5^*	47	132.0007			0.0280	−0.4718
C_6^*	48	131.9989	$\phi 132$	0.025	−0.0440	0.4278
C_7^*	49	131.9994			−0.0240	−0.4518
C_8^*	50	132.0016			0.0640	0.5158
C_9^*	51	132.0020			0.0800	−0.4358
C_{10}^*	52	132.0006			0.0240	0.4598
C_{11}^*	53	132.0002			0.0080	−0.4518

为了保证数据有一定的随机性且符合统计标准，需进行数据一致性检验，检

验统计数据符合正态分布。如果采集的数据不符合正态分布，那么应考虑是否使用了恰当的数据采集方法，还是由其他原因导致，并需重新获取数据。

通过 SPC 图平台进行数据计算和处理，来保证数据符合正态分布。要判定转化后的数据是否符合统计要求，即是否符合正态分布，需通过 P 值大小进行判定。数据服从正态分布则 $P>0.05$，数据不服从正态分布则 $P\leq0.05$。其中 X 轴表示对应的质量特征值 x，Y 轴是与之相对应的累积分布函数 $F(x)$，计算见式（9-27）。

$$F(x) = \frac{1}{\sqrt{2\pi}\sigma}\int_{-\infty}^{x} e^{-\frac{(t-\bar{x})^2}{2\sigma^2}} dt \tag{9-27}$$

正态检验结果如图 9-3 所示，图中正态检验的 $P=0.766>0.05$，因此处理后的数据服从正态分布。

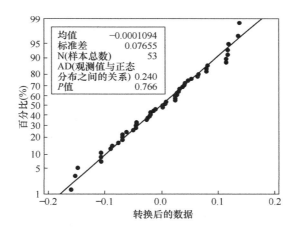

图 9-3 正态检验结果

2. 方差、均值一致性检验

虽然转化后的数据进行了正态性检验，且符合正态分布，但是由于收集的数据来自不同的工序，可能会导致数据的均值和方差有所不同，在此基础上，需对符合正态分布的数据再进行均值、方差的一致性检验。

假设 H_0：$\sigma_1^2=\sigma_2^2$，即数据转化后的工序 1 与工序 2 间质量特性数据的方差不存在显著性差异；

假设 H_1：$\sigma_1^2\neq\sigma_2^2$，即数据转化后的工序 1 与工序 2 间质量特性数据的方差存在显著性差异。

使用 F 检验法进行方差一致性检验，设 S_i^2 为工序 i 的均值和方差，则有：

$$\frac{(n-1)S_i^2}{\sigma_i^2} \sim \chi(n_i - 1)$$

如果假设成立，$\sigma_1^2 = \sigma_2^2$，且抽取的样本量相同，即 $n_1 = n_2 = n$，则

$$\frac{S_1^2}{S_2^2} \sim F(n_1 - 1, n_2 - 1)$$

给定显著性水平 α，若 $F \geq F_{1-\alpha/2}(n_1 - 1, n_2 - 1)$ 或者 $F \leq F_{\alpha/2}(n_1 - 1, n_2 - 1)$，则假设不成立，认为转化后的数据存在显著性差异，否则假设成立。如果 $P > \alpha$，则表示原假设成立，各数据的方差不存在显著性差异，反之则原假设不成立。多样本方差一致性检验结果如图9-4所示，Levene 检验 $P = 0.760 > 0.1$ 和 Bartlett 检验 $P = 0.979 > 0.1$，则表明各工序方差没有显著性差异。

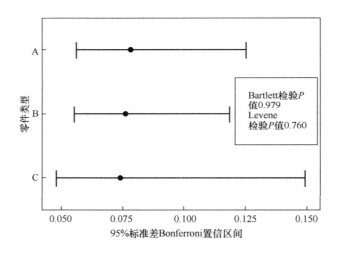

图 9-4　多样本方差一致性检验结果

类似的，通过方差分析法对各工序均值一致性进行分析，如果数据未通过方差、均值一致性检验，则转化的数据存在显著性差异，需分析数据来源，重新采集数据，形成相似工序。

9.3.2　机身孔系质量控制图绘制

通过上述数据的转换和检验，根据单值—移动极差（X – Rs）控制图的控制线计算方法，可对处理好的数据进行质量管控。将转换后的样本数据代入进行控制线的计算，并绘制控制图，结果如图9-5所示。综合分析绘制的质量控制图，依据控制图的八项判断准则可以判定在制造过程无异常，表明机身3种孔系加工工序的加工质量稳定，符合实际生产状况。所以，当前加工过程稳定可控。

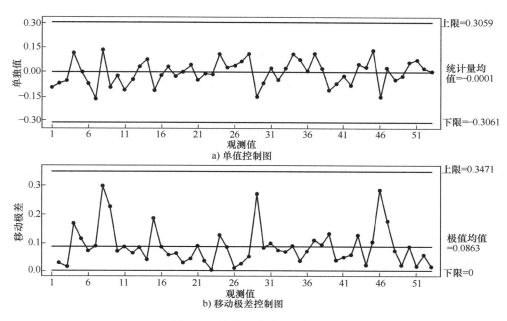

图 9-5 单值—移动极差控制图

9.4 本章小结

本章将相似工序评定与统计过程控制的相关理论引入柴油机质量控制，针对船用柴油机机身样本量不足的问题进行了分析，得出其不合适传统控制图的结论，因而提出孔系的相似工序分类成组，并给出基于直觉模糊集的船用柴油机机身孔系相似工序的判别方法，判别工序相似首先应确定评价指标，再根据各指标影响工序加工的程度大小赋予权重，而后搭建评价模型判定相似工序，最后通过相对公差法处理成组工序的质量数据，并验证质量数据是否符合正态分布，再验证其方差及均值是否一致，最后依据相似工序的成组数据绘制质量控制图，以控制孔系加工质量。

第 10 章　船用柴油机机身质量控制图模式识别诊断

船用柴油机机身自动化生产有效提高了机身的生产率，同时也可降低劳动成本。机身作为船用柴油机的关重零部件之一，其质量的优劣对柴油机的性能和使用寿命具有重要的影响。通过监控质量数据及时、准确、智能地发现自动化生产过程中可能出现的加工异常，以保证机身加工过程平稳且质量可控是提高机身加工质量的有效举措。针对船用柴油机机身种类多、生产批量少等特点，分析机身在加工过程质量控制图因系统误差引起的异常波动及实际生产过程中引起异常波动的原因，结合数据特征方法和支持向量机（SVM）理论提出实时质量控制图识别模型，该模型可快速找出异常波动产生的原因并在生产过程中做出及时调整，从而实现对机身加工过程的实时质量控制，对提高船企经济效益具有重要的现实意义。

10.1　模式识别相关理论

10.1.1　质量控制图模式

船用柴油机机身自动生产是指通过自动化设备进行生产，无须工人直接参与。对于船用柴油机机身加工过程的质量管控和诊断，则需更加高效、智能且实时的监管方法。为了有效地对船用柴油机机身的自动化加工过程进行质量管控，本文研究了质量控制图的常规模式，并将船用柴油机机身孔系的实时数据划分为：正常、上升趋势或下降趋势、向上阶跃或向下阶跃及呈现周期变化六种控制图质量模式，如图 10-1 所示。

若机身孔系加工数据不在基本尺寸附近随机波动，却表现为趋势性变化、阶跃性变化或周期变化时，则说明机身孔系的加工过程已出现异常，如：刀具磨损、工人换班、装夹不当。若没有及时发现并且解决异常情况，必然会引起重大的机身质量问题从而导致整个机身报废。所以，为了及时应对不同的异常状况，可将质量控制图异常模式分为上升趋势、下降趋势、向上阶跃、向下阶跃和周期变化五类异常模式。在加工过程中，质量控制图模式除异常模式外，其余为正常模式。为了更加清晰地了解船用柴油机机身质量控制图模式，可具体表现为：

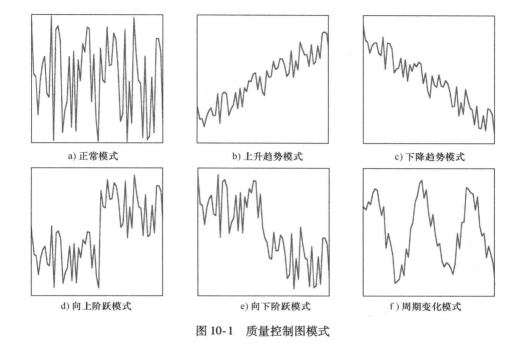

图 10-1　质量控制图模式

1. 正常模式

在正常情况下，船用柴油机机身加工应不受任何异常因素影响，只受偶然因素影响，所以采集的孔系数据因呈现正态分布，实时数据会在孔系的基本尺寸附近上下随机浮动。此类数据波动不会存在明显的趋势变化、阶跃变化及周期变化，因而可将这些在正常范围内变化的数据变化特征称为船用柴油机机身加工的正常模式，如图 10-1a 所示。

2. 趋势模式

在上升或下降趋势模式下，船用柴油机机身不仅会受偶然因素影响，也会受异常因素影响，比如刀具磨损等，所采集的孔系数据呈现上升趋势，随着加工的不断进行，实时数据不断偏离孔系的基本尺寸，然后不断上升或者下降。因而可将这些呈现上升或下降趋势变化的数据变化特征称为船用柴油机机身加工的趋势模式，如图 10-1b、c 所示。

3. 阶跃模式

在向上或向下阶跃模式下，船用柴油机机身受异常因素影响，比如刀具断裂等，所采集的孔系数据呈现向上阶跃，随着机身加工的继续，实时数据突然向上或者向下偏离孔系的基本尺寸，然后在基本尺寸的上方或者下方随机变化，如图 10-1d、图 10-1e 所示。

4. 周期变化模式

在周期变化模式下,所采集的数据不是在基本尺寸周围上下波动,而是在一段时间内呈现有规律的重复变化。因而可将这些呈现周期变化的数据变化特征称为船用柴油机机身加工的周期变化模式,如图 10-1f 所示。

船用柴油机机身自动化生产模式下的异常模式,与传统的质量控制图异常有所不同。传统的质量控制图一般为生产完成后的数据,属于事后统计范围。而自动化生产模式所使用的孔系数据为实时采集数据。传统的质量控制图的数据为加工后数据,质量控制图异常则为单一异常模式,然而自动生产的数据为实时数据,一般情况下,在前期生产过程中,质量控制图都呈现正常变化,随着加工的不断进行,质量控制图才会呈现出不同的异常变化。随着现代化生产技术的进步,产品质量不断提高,机身的数据已不可能从正常范围直接越过质量控制图的上下界,所以并不能通过传统的质量控制图发现异常,对船用柴油机机身的质量控制已经没有太大意义。因此,为了提高柴油机加工质量水平,减少质量问题,亟须有效识别质量控制图的异常模式以发现异常问题。

10.1.2 质量控制图数据特征提取

当船用柴油机机身加工的仿真数据产生之后,接下来便是如何使用仿真数据进行异常模式识别。仿真数据的特征提取是模式识别的关键,其通过使用最小的数据量来描述质量控制图模式的重要属性,此过程通常称为数据预处理。

1. 统计特征

统计特征是质量控制图识别较早使用的数据特征,常见的统计特征如下:平均值通常用来描述数据的集中情况,如正常模式下,平均值应与设计标准值相近。计算公式如下:

$$\bar{X} = \frac{1}{N}\sum_{i=1}^{N} x_i \tag{10-1}$$

式中,x_i 为第 i 个样本值;N 为样本总数。

标准差通常用来描述数据的离散程度,如正常模式或者周期模式的标准差往往比趋势模式或者阶跃模式小,计算公式如下:

$$X_\sigma = \sqrt{\frac{1}{N}\sum_{i=1}^{N}(x_i - \bar{X})^2} \tag{10-2}$$

均方幅值通常用来描述数据的平均误差,计算公式如下:

$$X_{\mathrm{mse}} = \sqrt{\frac{1}{N}\sum_{i=1}^{N} x_i^2} \tag{10-3}$$

最大值通常用来描述数据的最大值,计算公式如下:

$$X_{\max} = \max(x_i) \tag{10-4}$$

偏斜度为数据的三次矩,通常用来描述数据概率密度函数的不对称性,计算公式如下:

$$X_s = \frac{1}{NX_\sigma^3} \sum_{i=1}^{N} (x_i - \overline{X})^3 \tag{10-5}$$

峭度为数据的四次矩,通常用来描述质量控制图模式的整体弯曲度,计算公式如下:

$$X_k = \frac{1}{NX_\sigma^4} \sum_{i=1}^{N} (x_i - \overline{X})^4 \tag{10-6}$$

峰值系数反映数据在一段时间中连续输出最高值的能力,计算公式如下:

$$C = \frac{X_{\max}}{X_{\text{rms}}} \tag{10-7}$$

式中,X_{rms} 为数据的均方根误差。

2. 形状特征

形状特征较为直观,其根据图形的几何特征直接进行提取,形状特征的提取主要基于曲线拟合方法,该方法可实现对质量控制图几何图形的描述,在特征提取过程中,若对控制图模式不分段,则为全局特征,反之,则为局部特征。

全局特征为以下三种:g_1、g_2、g_3。

$$g_1 = \text{sgn} \Big[\sum_{i=1}^{N} x_i (t_i - \overline{t}) \Big/ \sum_{i=1}^{N} x_i (t_i - \overline{t})^2 \Big] \tag{10-8}$$

式中,t_i 为第 i 个样本值在质量控制图上的位置到原点的距离;$\overline{t} = \sum_{i=1}^{N} t_i / N$;当 $\sum_{i=1}^{N} x_i (t_i - \overline{t}) \Big/ \sum_{i=1}^{N} x_i (t_i - \overline{t})^2 < 0$ 时,则 $g_1 = 0$;当 $\sum_{i=1}^{N} x_i (t_i - \overline{t}) \Big/ \sum_{i=1}^{N} x_i (x_i - \overline{t})^2 > 0$ 时,则 $g_1 = 1$。

$$g_2 = a \Big/ \sum_{i=1}^{N} (x_i - \overline{X})^2 \tag{10-9}$$

式中,a 为质量控制图样本数据构建的图形与均值线之间所形成的面积。

$$g_3 = \frac{1}{2N} \sum_{i=1}^{N-1} (o_i - \hat{o}_i) \tag{10-10}$$

$$o_i = \text{sgn}[(y_i - \overline{y})(y_{i+1} - \overline{y}_{i+1})] \quad o_i = \text{sgn}[(x_i - \overline{X})(x_{i+1} - \overline{X}_{i+1})] \tag{10-11}$$

$$\hat{o}_i = \text{sgn}[(y_i - \hat{y})(y_{i+1} - \hat{y}_{i+1})] \quad \hat{o}_i = \text{sgn}[(x_i - \hat{x})(x_{i+1} - \hat{x}_{i+1})] \tag{10-12}$$

式中，$\hat{x}$ 为 x 的最小二乘估计。

上述三种形状特征为全局特征，除全局特征外还有局部特征，依据划分段的长度是否固定，分为不同的局部特征。以下根据固定等值划分的局部特征分别为：l_1、l_2 和 l_3，质量控制图图像划分方式如图 10-2 所示。

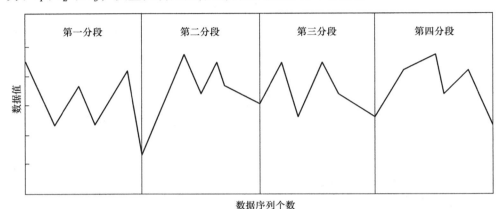

图 10-2 质量控制图图像划分方式

l_1、l_2 和 l_3 的计算方法如下：

$$l_1 = \left| \sum_{j,k} S_{jk}/6 \right| (j=1,2,3; k=2,3,4; j<k) \tag{10-13}$$

$$l_2 = \max(S_{jk} - \min(S_{jk}))(j=1,2,3; k=2,3,4; j<k) \tag{10-14}$$

$$l_3 = 6X_{\text{MSE}} \bigg/ \sum_{j,k}(X_{\text{MSE}})_{jk}(j=1,2,3; k=2,3,4; j<k) \tag{10-15}$$

式中，S 为分段中点之间连线的直线斜率；X_{MSE} 为数据最小二乘估计的均方误差；j、k 为分段序号。

此外，局部特征 l_4 将质量控制图分割成两段，分割点是两分段中数据的最小二乘估计，当其合并均方误差取值最小时，表达式见式（10-16）。

$$l_4 = \left| B - \sum_{j=1}^{2} B_j/2 \right| \tag{10-16}$$

式中，B 为过程数据最小二乘拟合的直线斜率；B_j 为分割后每段各自过程数据的最小二乘拟合的直线斜率。

3. 隶属度特征

输入量的维度过高会导致支持向量机的识别精度不高，为了有效降低输入矢量的维度，且保证输出准确，采用模糊 C 均值聚类（FCM）算法动态数据流进行降维处理，同时隶属度实际上应具有一定的模糊性，因此采用二型区间模糊集来表示更加合理。

一般情况下，一型模糊 C 均值聚类算法的聚类中心和隶属度可分别表示为

$$v_j = \frac{\sum_{i=1}^{N} u_j(x_i)^m x_i}{\sum_{i=1}^{N} u_j(x_i)^m}, j = 1, \cdots, C \tag{10-17}$$

$$u_j(x_i) = \frac{1}{\sum_{k=1}^{C} (d_{ji}/d_{ki})^{2/(m-1)}} \tag{10-18}$$

式中，v_j 为第 j 个聚类中心；$u_j(x_i)$ 为样本数据 x_i 属于聚类中心 v_j 的隶属度；d_{ji}、d_{ki} 分别为样本数据 x_i 到聚类中心 v_j、v_k 的距离；m 为模糊加权指数。

通常情况下，模糊加权指数 m 的取值为 2，但当两个聚类样本存在重叠时，此时样本属于某个聚类中心的隶属度依赖模糊加权指数 m 的取值。为了解决上述问题，因此当存在聚类样本重叠时，m 可取两个值，分别为 m_1 和 m_2，设 $m_2 > m_1$，采用二型模糊 C 均值聚类算法（T2FCM）可得更好的聚类效果，其隶属度的表达式如下所示

$$\overline{u}_j(x_i) = \begin{cases} \dfrac{1}{\sum_{k=1}^{C} (d_{ji}/d_{ki})^{2/(m_1-1)}}, & \text{若} \dfrac{1}{\sum_{k=1}^{C} d_{ji}/d_{ki}} < \dfrac{1}{C} \\ \dfrac{1}{\sum_{k=1}^{C} (d_{ji}/d_{ki})^{2/(m_2-1)}}, & \text{其他} \end{cases} \tag{10-19}$$

$$\underline{u}_j(x_i) = \begin{cases} \dfrac{1}{\sum_{k=1}^{C} (d_{ji}/d_{ki})^{2/(m_1-1)}}, & \text{若} \dfrac{1}{\sum_{k=1}^{C} d_{ji}/d_{ki}} \geqslant \dfrac{1}{C} \\ \dfrac{1}{\sum_{k=1}^{C} (d_{ji}/d_{ki})^{2/(m_2-1)}}, & \text{其他} \end{cases} \tag{10-20}$$

由于模糊加权指数的不同，聚类算法的目标函数计算公式如下所示

$$J_{m_1} = \sum_{i=1}^{N} \sum_{j=1}^{C} u_j(x_i)^{m_1} d_{ji}^2 \tag{10-21}$$

$$J_{m_2} = \sum_{i=1}^{N} \sum_{j=1}^{C} u_j(x_i)^{m_2} d_{ji}^2 \tag{10-22}$$

设模糊集可离散为 M 个数据点，表示为 $x_i (i = 1, 2, \cdots, M)$，则聚类中心 v_j 可表示为

$$v_j = \sum_{u_j(x_1) \in J_{x_1}} \cdots \sum_{u_j(x_M) \in J_{x_M}} (f(u(x_1)) \cdots f(u(x_M))) \left| \frac{\sum_{i=1}^{N} u_j(x_i)^m x_i}{\sum_{i=1}^{N} u_j(x_i)^m}, j = 1, \cdots, C \right.$$

(10-23)

令 $f(u(x_i)) = 1$，化解模糊集后如下所示

$$v_j = [v_j^L, v_j^R] = \sum_{u_j(x_1) \in J_{x_1}} \cdots \sum_{u_j(x_M) \in J_{x_M}} 1 \left| \frac{\sum_{i=1}^{N} u_j(x_i)^m x_i}{\sum_{i=1}^{N} u_j(x_i)^m}, j = 1, \cdots, C \right. \quad (10\text{-}24)$$

此时，式（10-24）聚类中心 v_j 的取值范围为 $[v_j^L, v_j^R]$。聚类中心的左右端点值可通过 K 均值算法求取，以右端点为例，具体步骤如下。

步骤 1：通过式（10-19）和式（10-20）可计算样本 $x_i = (x_{i1}, \cdots, x_{iM})$ 的主隶属度值 $u_j(x_i) = (\overline{u}_j(x_i) + \underline{u}_j(x_i))/2$。

步骤 2：选取两个模糊加权指数 m_1 和 m_2，且满足 $m_1 \leq m_2$，使用式（10-17）可得聚类中心 $v_j' = (v_{j1}', \cdots, v_{jM}')$。

步骤 3：将所有的样本 x_i（$i = 1, \cdots, N$）按其特征值从小至大排列。

步骤 4：使用 K 均值算法可得聚类中心右端点为：$v_j^R = (\max(v_{j1}'), \cdots, \max(v_{jM}'))$。

同理可得左端点。此时聚类中心 v_j 可表达为：$v_j = 1/[v_j^L, v_j^R]$。

使用集合中心降型法，去模糊化后可得聚类中心 v_j 为：$v_j = (v_j^L + v_j^R)/2$。

通常在传统的模糊 C 均值算法中，确定各聚类中心后可通过隶属度矩阵得到样本点属于哪个聚类中心。但在 T2FCM 中必须通过模糊降型模块来获取样本的去模糊化隶属度，使用集合中心降型法后得

$$u_j(x_i) = \frac{u_j^L(x_i) + u_j^R(x_i)}{2} \quad (10\text{-}25)$$

式中，$u_j^R(x_i) = \frac{1}{M} \sum_{l=1}^{M} u_{jl}^R(x_i)$；$u_j^L(x_i) = \frac{1}{M} \sum_{l=1}^{M} u_{jl}^L(x_i)$，其中

$$u_{jl}^R(x_i) = \begin{cases} \overline{u}_j(x_i), & \text{当 } x_{il} \text{ 用 } \overline{u}_j(x_i) \text{ 作为聚类中心 } v_j^R \\ \underline{u}_j(x_i), & \text{其他} \end{cases}$$

$$u_{jl}^L(x_i) = \begin{cases} \overline{u}_j(x_i), & \text{当 } x_{il} \text{ 用 } \overline{u}_j(x_i) \text{ 作为聚类中心 } v_j^L \\ \underline{u}_j(x_i), & \text{其他} \end{cases}$$

此时对比通过去模糊化而得的隶属度值 $u_j(x_i)$，可知样本点属于哪一个聚类。隶属度特征等于样本点依次到所有聚类中心的隶属度值形成的隶属度矩阵。

分析上述统计特征、形状特征和隶属度特征可知，各类特征各有特点，针对船用柴油机机身的自动化生产过程质量控制图异常模式的识别问题，从上述特征筛选出均值、g_1、l_2、l_3、l_4五特征结合隶属度特征形成船用柴油机机身孔系自动化生产质量控制图模式识别的混合特征。

10.1.3 支持向量机分类原理

支持向量机是一种寻求最小结构化风险的机器学习方法，可以实现在少量样本的情况下获得统计规律。支持向量机通常被用来解决二分类问题，通过寻求一个最优超平面实现数据二分。平面分类方程公式如下

$$\boldsymbol{w}^T x + b = 0 \tag{10-26}$$

式中，$\boldsymbol{w}^T$为$\boldsymbol{w}$的转置。故分类函数可表达为

$$f(x) = \text{sign}(\boldsymbol{w}^T x + b) \tag{10-27}$$

由此可见，当$f(x)=0$时，点x落在超平面上。不妨假设，当$f(x)<0$时，点x其对应的$y=-1$；同样设，当$f(x)>0$时，点x其对应的$y=1$。若已确定超平面$\boldsymbol{w}^T x + b = 0$，空间内任一点$x$到超平面的距离皆可以表示。可用$y$与$\boldsymbol{w}^T x + b$乘积的正负来判定分类是否正确。点至平面的距离可表示为

$$\gamma = \frac{|\boldsymbol{w}^T x + b|}{\|\boldsymbol{w}\|} \tag{10-28}$$

式中，$\|\boldsymbol{w}\|$为$\boldsymbol{w}$的二阶范数。当对点集进行分类时，需从点集中寻找一点，使其离超平面最近，同时也使其离超平面尽可能远，可获得如下目标函数及约束条件（s.t.）

$$\min_{w,b} \frac{1}{2}\|\boldsymbol{w}\|^2$$

$$\text{s.t.} \; y_i(\boldsymbol{w}^T x_i + b) \geq 1, i = 1, \cdots, n \tag{10-29}$$

将目标函数与约束条件公式结合起来，引入拉格朗日乘子$\alpha_i \geq 0$，$i=1,\cdots,n$，定义拉格朗日函数

$$L(\boldsymbol{w},b,\boldsymbol{\alpha}) = \frac{1}{2}\|\boldsymbol{w}\|^2 - \sum_{i=1}^{n}\alpha_i[y_i(\boldsymbol{w}^T x_i + b) - 1] + \sum_{i=1}^{n}\alpha_i \tag{10-30}$$

式中，$\boldsymbol{\alpha} = [\alpha_1, \alpha_2, \cdots, \alpha_n]^T$为拉格朗日乘子矢量。

基于拉格朗日的对偶性，将原目标函数转换为极大极小问题

$$\max_{\alpha} \min_{w,b} L(\boldsymbol{w},b,\boldsymbol{\alpha}) \tag{10-31}$$

通过对目标函数进行偏导数计算可得$\boldsymbol{\alpha}$的解为以下最优化问题的解

$$\min_{\alpha} \frac{1}{2}\sum_{i=1}^{n}\sum_{j=1}^{n}\alpha_i\alpha_j y_i y_j(x_i, x_j) - \sum_{i=1}^{n}\alpha_i \tag{10-32}$$

$$\text{s.t.} \sum_{i=1}^{n} \alpha_i y_i = 0, \quad \alpha_i \geqslant 0, i = 1, \cdots, n$$

通过对上式进行最优化求解可得 $\boldsymbol{\alpha}$ 的解为 $\boldsymbol{\alpha}^* = [\alpha_1^*, \alpha_i^*, \cdots, \alpha_n^*]$。

将 $\boldsymbol{\alpha}^*$ 代入（w，b）的解可得

$$\boldsymbol{w}^* = \sum_{i=1}^{n} \alpha_i^* y_i x_i \tag{10-33}$$

选择 $\boldsymbol{\alpha}^*$ 的一个正分量 $\alpha_j^* > 0$，计算

$$b^* = y_j - \sum_{i=1}^{n} y_i (x_i \cdot x_i) \tag{10-34}$$

1. 核函数

上述介绍中主要是支持向量机解决线性可分问题，但现实中大多数问题是非线性可分的。支持向量机可通过将此类数据映射到高维空间来解决问题。在高维空间中，可将原本不可线性分割的数据转化为可线性分割的数据，以便获取对应的分割面。

若要将低维数据映射至高维，需使用一个映射函数 $\varphi(x)$，如此一来可对高维空间使用支持向量机分割数据

$$f(x) = \text{sign}\left(\sum_{i=1}^{n} \alpha_i^* y_i \varphi(x_i) \varphi(x) + b^*\right) \tag{10-35}$$

最终结果依然需要通过样本数据内积而得，只不过通过映射函数 $\varphi(x)$ 转换后，原始数据变成可分数据，但是数据转化后的维度受原来维度的影响，若原始维度已经很大，那么映射后的高维维度将变得更大，此时会造成"维度灾难"。如何解决这样的问题，则可通过寻找一个核函数来实现高维数据在低维空间的结果计算，核函数可表达为

$$K(x_i, x) = \varphi(x_i) \varphi(x) \tag{10-36}$$

因支持向量机的结果皆需使用数据内积的形式表示，不可分的数据只能先映射至高纬度后再进行内积计算，而核函数则是将高维数据的结果在低维空间中表示，以避免维度灾难。与此同时，也可解决高维空间内积不易求得的问题。一般情况，结果都需要用内积表示，核函数恰好可以表示内积，这样一来，当数据不可分时则不需要先转化为高维数据的内积，只需求得相应的核函数即可，此时分类函数可表示为

$$f(x) = \text{sign}\left(\sum_{i=1}^{n} \alpha_i^* y_i K(x_i, x) + b^*\right) \tag{10-37}$$

核函数常见的表达式有多项式核函数、高斯核函数、线性核函数等。

2. 松弛变量

有些情况下，数据会由于存在离散点而导致不易分类，这些离散点分割面对

数据分类的影响最大，可能会导致分类不正确。可增加约束条件以解决此类问题，约束表达式为

$$\min_{w,b} \frac{1}{2}\|w\|^2 + C\sum_{i=1}^{n}\xi_i$$
$$\text{s.t. } y_i(w^T x_i + b) \geq 1 - \xi_i, i = 1,\cdots,n; \tag{10-38}$$
$$\xi_i \geq 0, i = 1,\cdots,n$$

式中，ξ_i 为松弛变量；C 为惩罚参数，一般由问题决定，C 值大时对误分类的惩罚越大，C 值小时对误分类的惩罚越小。松弛变量的引入，增加了原问题的约束条件 $0 \leq \alpha_i \leq C$，之后按步骤求解即可。

10.2 质量控制图模式识别模型

10.2.1 多分类支持向量机

由上述有关支持向量机的理论可知，支持向量机一般情况可使用超平面进行两分类问题，很难进行多分类问题。但实际情况中两分类问题较少，大多都是多分类问题，如船用柴机油机身孔系的质量控制图模式分类就包括正常、上升趋势或下降趋势、向上阶跃或向下阶跃及周期六种情况。如何使用支持向量机进行多分类问题，目前多采用多个支持向量机组合使用，其实质依然是将多分类问题转化为几个二分类问题。现在使用支持向量机进行多分类问题一般可包括"一对多"或"一对一"两种模式，接下来对两种模式进行详细描述。

如应用"一对多"模式的支持向量机进行质量控制图三种模式识别，需要使用三个支持向量机，首先使用一个支持量机区分一种模式与另两种模式，以此类推，最终可将三种不同模式进行区分。具体情况如图 10-3 所示。

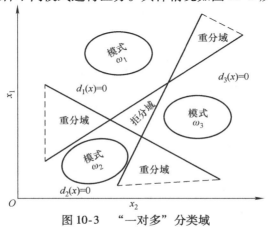

图 10-3　"一对多"分类域

从图 10-3 中不难发现，使用"一对多"的支持向量机会出现拒分域和重分域：如针对正常模式的支持向量机，属于正常模式则判定为正，其余模式则判定为负，但是在拒分域中，所有判定值均为负；在重分域中，其判定结果可能为正也可能为负，此时需要重新判定。同时每一种模式所对应的支持向量机都需要学习，其训练复杂程度较大。

使用"一对一"模式支持向量机对控制图三种模式进行分类，需要使用三个支持向量机，首先将一种模式分别与其余两种模式区分，需要两个支持向量机，按序依次进行判断，如图 10-4 所示。

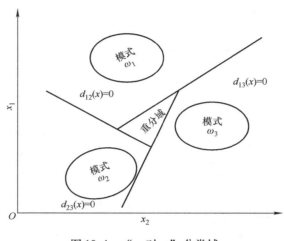

图 10-4 "一对一"分类域

10.2.2 基于布谷鸟搜索的核参数优化

1. 莱维飞行

布谷鸟搜索算法是在 2009 年由剑桥大学 YANG 教授等人提出的新型启发算法，其通过模拟布谷鸟寄生育雏来求解最优化问题，与此同时，其还引入莱维（lévy）飞行机制，使该搜索算法更有效。Lévy 飞行是一种生成较少的长步长和较多的短步长的随机游走机制，可以有效地适应局部和全局寻优。布谷鸟会在其他鸟类不在时，从其他鸟类的巢内叼走一枚蛋并产下自己的蛋，让其他鸟代为孵化，直至布谷鸟雏鸟长大。这种不筑巢、不孵卵、不育雏，依托其他鸟养育后代的方式称为寄生育雏。

在自然界中，许多飞行动物的觅食方式都是一种随机过程，比较其飞行的路径，发现它们飞行的间隔较长线段的频率与 lévy 分布相似。莱维飞行不仅在飞行动物的飞行过程中常见，在人类步行过程中也有体现。莱维飞行是一种增量平稳且服从 lévy 分布的非高斯随机过程。其遵守幂律分布然后随机游动。莱维飞行是小步长和大步长相结合的行走方式，小步长可完成局部的收敛，大步长可比较不同区域以获得最优解。

2. 布谷鸟搜索算法介绍

布谷鸟又名杜鹃，其本身不会筑巢去养育后代，而是随机游走去寻找其他鸟巢产蛋，一般情况下会选择雀形目鸟类，因为雀形目鸟类的生活习性与布谷鸟相似，不易被发现，当其寻找到鸟巢后，便会产一枚自己蛋，并带走一枚鸟巢内本来就有的蛋，以防其他鸟类发现，由于布谷鸟孵化周期较短，最早孵化，且孵化出的幼鸟因其天性会将其他蛋或者幼鸟赶出巢穴，让成鸟只抚育其本身，从而提高成活率。

为了实现布谷鸟搜索算法，将布谷鸟搜索流程转化为下列三条规则：布谷鸟采用莱维飞行的方式随机寻找鸟巢并只产一枚鸟蛋；在选择鸟巢时，只保留最好的鸟巢；选择确定后的寄生鸟巢数量不变，但原鸟巢主人有一定概率发现蛋不是自己的，会选择抛弃鸟蛋或重新筑巢，设发现概率为 p_a。

依据上述规则，布谷鸟位置更新如下：

$$x_i^{(t+1)} = x_i^{(t)} + \alpha \oplus L(\lambda), i = 1, 2, \cdots, n \quad (10\text{-}39)$$

式中，$x_i^{(t)}$ 为第 i 个鸟巢第 t 代的位置；α 为步长因子；$\oplus$ 为点乘积；λ 为搜索路径的分布参数；$L(\lambda)$ 为搜索路径，其表达式为

$$L(s, \lambda) \sim s^{-\lambda}, (1 < \lambda \leq 3) \quad (10\text{-}40)$$

式中，s 为随机步长的长短。每次得到解后，会以一定概率 p_a 踢出一些解，然后通过迭代公式，获得下一代新解。

影响布谷鸟搜索的因素有种群大小、步长因子 α 及发现概率 p_a。其中种群的大小影响算法的运算速度，种群较大则会导致算法运算时间较长，种群较小则会引起运算精度不够。步长因子和发现概率会共同影响局部搜索和全局搜索之间的关系。

3. 基于布谷鸟搜索算法的支持向量机

核函数作为支持向量机的重要一环，基于同一数据采用不同的核函数得到的 SVM 的运算结果不同，因此需要对 SVM 的核函数进行选择。高斯径向基函数（RBF）因其参数较少、优化容易等优点被广泛应用，因此选择 RBF 作为 SVM 函数。RBF 中的参数 g 和惩罚因子 C 会对 SVM 的结果产生影响，大量学者通过粒子群算法（PSO）或遗传算法（GA）对支持向量机进行参数寻优，通过这些方法改进往往会获得局部最优而非全局最优。因此本文采用为布谷鸟搜索算法（CS）对支持向量机函核数参数进行优化，可以避免局部最优解。

布谷鸟搜索算法优化支持向量机核函数参数 C 和 g 的基本流程如下：

步骤1：采集需要模式识别的样本，对所有样本进行预处理，获取可进行模式识别的样本数据，将其分为训练和测试两个样本。

步骤2：在布谷鸟搜索算法参数优化前，设定各参数初始值：设定支持向量机核函数参数 C 和 g 的取值范围，另外还需设置布谷鸟搜索算法的种群规模 n、被发现概率 P_a、最大迭代次数 N、步长调节因子 α 及 Levy 指数 λ。参数设置完成后，随机生成 n 个鸟巢，将其记作 $X^0 = (x_1^0, x_2^0, \cdots, x_n^0)$，每一组核函数参数 (C, g) 都与每一个鸟巢 $x_i^0 (i = 1, 2, \cdots, n)$ 相对应。计算每一个鸟巢的适应度，取最大适应度 $F_{\max}$ 所对应的鸟巢作为当前最优鸟巢位置 X_{best}^0。

步骤3：保留上一代最大适应度所对应的最优鸟巢位置 X_{best}^{k-1}（k 表示当前迭代数），通过上式更新其他鸟巢位置，而后得到当前代数鸟巢位置并记为 $p^k = (x_1^k, x_2^k, \cdots, x_n^k)$，将当前代数鸟巢位置 p^k 与上一代鸟巢位置 p^{t-1} 所对应的适应度值比较，取较大的适应度值所对应的鸟巢位置，而后又将得到一组新的鸟巢位置 $g^t = (x_1^t, x_2^t, \cdots, x_n^t)$。

步骤4：在 g^t 位置随机生成 $[0, 1]$ 之间的任意数，保留小于发现概率 p_a 的鸟巢位置，使用式（10-39）更新其他鸟巢位置，此时会获取一组新的位置，然后将各鸟巢位置所对应的适应度值与 g^t 位置对应的适应度值比较，取较大适应度值所对应的鸟巢位置，而后得到一组新的鸟巢位置 p^t。

步骤5：将上述步骤4中获得的最优位置 X_{best}^t 所对应的适应度值与 $F_{\max}$ 进行比较，取较大适应度值所对应的鸟巢位置作为最优位置，而后将其中最大的适应度值更新为 $F_{\max}$。

步骤6：重复上述步骤3～5，直至获得最优的全局适应度或者达到要求的迭代次数而停。此次最优鸟巢位置 X_{best}^t 所对应的核函数参数 (C, g) 为分类器最优参数。

布谷鸟搜索算法的参数设置为：种群规模 $n = 20$；被发现概率 $p_a = 0.25$；最大迭代次数 $N = 500$；步长调节因子 $\alpha = 0.01$；Levy 指数 $\lambda = 1.5$。还需设置支持向量机核函数参数 C 的优化范围为 $[0, 180]$，参数 g 的优化范围为 $[0, 150]$。

10.2.3 质量控制图识别模型的应用

研究船用柴油机缸体质量控制图异常模式需要大量描述各类异常模式的数据，若直接通过现场采集数据，虽能直接且准确地描述异常模式，但需要大量停机试验。由于船用柴油缸体加工属于小批量生产，造成的损失难以估量，故采用蒙特卡洛方法对柴油机缸体异常数据进行仿真，数据生成如下

$$x(t) = u + \sigma r(t) + d(t) \tag{10-41}$$

式中，$x(t)$ 为缸体孔系在 t 时刻加工数据的观测值；u 为孔系的基本尺寸；$r(t)$ 服从标准正态分布，表示加工过程中不可避免的随机因素；σ 为过程标准差；$d(t)$ 为 t 时刻的异常干扰，不同的 $d(t)$ 代表不同的质量控制图模式。

1) 正常模式：$d(t)=0$，此时的观测值应在设计基本尺寸周围随机变化。

2) 上升趋势模式：$d(t)=\gamma t$，其中 γ 为倾斜度。$\gamma>0$，取值范围为 $[0.1\sigma,0.24\sigma]$，此时的观测值不断上升。

3) 下降趋势模式：$d(t)=\gamma t$，其中 γ 为倾斜度。$\gamma<0$，取值范围为 $[-0.24\sigma,-0.1\sigma]$，此时的观测值不断下降。

4) 向上阶跃模式：$d(t)=\alpha\lambda$，其中 α 为阶跃幅度，取值范围为 $[\sigma,2.4\sigma]$，阶跃发生前后 λ 分别为 0 和 1，$\alpha>0$，此时的观测值由正常波动突然跳跃至标准值上方。

5) 向下阶跃模式：$d(t)=\alpha\lambda$，其中 α 为阶跃幅度，取值范围为 $[-2.4\sigma,\sigma]$，阶跃发生前后 λ 分别为 0 和 1，$\alpha<0$，此时的观测值由正常波动突然跳跃至标准值下方。

6) 周期模式：$d(t)=A\sin(2\pi t/T)$，其中 A 为周期变化的波动幅度，取值范围为 $[\sigma,2.4\sigma]$，T 为发生周期异常变化的周期，取值范围为 $[3,17]$。

为了便于比较，设置孔系的基本尺寸 $u=0$，标准差 $\sigma=1$，样本 120×6 个，共计 720 个，即六种质量控制图模式，包括 20 个训练样本和 100 个测试样本。采用 T2FCM 计算每种模式的隶属度值，并将其作为 SVM 的输入。每种模式的原始数据特征和新隶属度数据特征如图 10-5 所示。图 10-5a 为正常模式的原始数据，其隶属度数据特征如图 10-5b 所示。图 10-5a、b 为模式编号 1 所对应的隶属度值表示正常模式和正常模式的隶属度，模式编号 2~6 分别为上升趋势模式、下降趋势模式、向上阶跃模式、向下阶跃模式和周期变化模式。通常情况下，每种模式相对于其本身模式的隶属度值最大，如图 10-5h 中模式编号 4 的隶属度值表示向上阶跃模式相对于向上阶跃模式的隶属度，其值也是其中最大。从图 10-5 中可以看出，原始数据为 60 维，而隶属度数据特征只有 6 维，新的支持向量机大大降低了输入维数。在这种情况下，除了提高了支持向量机的性能，计算量和运行时间也降低了，故船用柴油机缸体的加工质量也有所提升。

为了验证提出的识别模型（模型 1）的有效性，将识别精度分别与将原始数据作为输入的识别模型（模型 2）、文献中监督局部线性嵌入优化支持向量机识别模型（模型 3）进行识别精度对比，识别结果见表 10-1。

表 10-1 中方法 1 为将原始数据作为输入的本文阶段 I 的识别模型，方法 2 为监督局部线性嵌入（slle）优化支持向量机识别模型，方法 3 是将本文提出的隶属度数据特征作为输入的阶段 I 的识别模型。

由表 10-1 分析可知，本文提出的隶属度数据特征作为输入识别模型的整体识别精度达到 99.83%，能够更好地应用于船用柴油机机身质量异常模式识别。

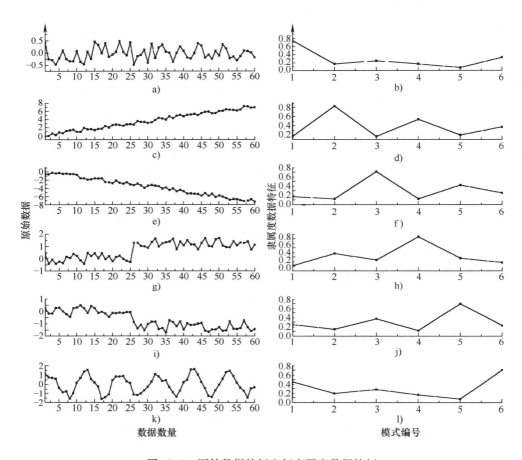

图 10-5 原始数据特征和新隶属度数据特征

表 10-1 不同识别模型的识别精度 （单位:%）

识别方法编号	模型平均识别精度	识别结果					
		正常模式	上升趋势	下降趋势	向上阶跃	向下阶跃	周期变化
1	95.83	97	96	95	97	95	95
2	99.5	99	100	99	100	99	100
3	99.83	100	99	100	100	100	100

10.3 质量控制图异常原因及处理措施

10.3.1 质量控制图异常原因分析

船用柴油机机身孔系生产过程中导致产品生产过程出现异常模式的原因众多，通常可将异常原因归为与设备相关、材料相关、方法相关、人员相关和环境相关五类。与设备相关的异常原因，主要有加工刀具、机床主轴、进给系统及冷却系统等方面，加工刀具相关的异常原因包括刀具磨损、刀架间隙较大甚至变形等；机床主轴相关的异常原因包括主轴轴承磨损严重或主轴受热变形等；进给系统相关的异常原因包括导轨磨损甚至变形、传动装置磨损甚至变形等；冷却系统相关的异常原因包括冷却液不足，或因冷却液中含有杂质导致喷头堵塞等。与材料相关的异常原因，主要包括材料加工余量不足等方面。与方法相关的异常原因，主要包括工艺加工方法调整、检验工具损坏或工具使用方法不正确、检验未按规定执行等方面。与人员相关的异常原因，主要包括工人熟练程度不同、工人疲劳操作、工人更改、工人身体不适或心情不畅等方面。与环境相关的异常原因，主要包括温度、湿度、光照条件、噪声状况、振动情况等方面。为寻找异常模式与异常原因之间的关系须对船用柴油机机身孔系的历史数据进行统计分析并询问技术工人。

10.3.2 异常模式处理措施

采用智能监控系统对异常模式进行监控需要对专家意见及工人经验进行整理，构建异常模式诊断方法库并绘制成表，实现对船用柴油机机身孔系加工的实时智能监控，每一种异常模式较为常见的异常原因及对应的解决方法见表10-2。

表10-2 异常模式原因及解决方法

异常模式类型	原因解释	解决方案
周期模式	镗刀局部崩裂	更换镗刀
	镗床主轴轴承磨损，配合间隙过大	调整镗床主轴轴承间隙
上升趋势模式	镗刀轻度磨损	增大镗刀补偿量
	镗屑进给参数过小	加大镗屑进给参数
	镗床主轴旋转速度过慢	调快镗床主轴转速
下降趋势模式	机身毛坯误差	调整镗屑加工参数
	镗屑进给参数过大	减小镗屑进给参数
	镗床主轴旋转速度过快	调慢镗床主轴转速

（续）

异常模式类型	原因解释	解决方案
向上阶跃模式	镗刀中度磨损	磨镗刀
	镗刀严重磨损	更换镗刀
	机身加工过程冷却液喷头堵塞	疏通冷却液喷头
向下阶跃模式	镗刀装夹不正	调整镗刀装夹
	机身装夹不正	调整机身装夹

加工质量预测能够对机身加工中可能出现的不合格情况进行预警，然而单纯的加工质量预测方法虽能对工艺改进方向进行一定意义上的指导，但其无法实现对机身质量的实质控制。因此本章从事前、事中、事后三个阶段对机身质量控制方法进行了研究：首先通过探讨可靠性理论下的机身加工切削参数的优化方法，实现了对机身加工后输出质量的事前控制；其次，在机身事中控制阶段，结合贝叶斯理论，探讨了 SPC 图异常原因的诊断方法，弥补了机身在利用 SPC 进行过程质量控制时，无法确定异常模式原因诊断的缺陷。

10.4　基于去干扰点同轴度测量方法的机身事后质量控制方法

柴油机机身上孔系众多，机身上孔的同轴度是保证柴油机运转精度的关键，因此一旦同轴度的测量值出现误判，便会导致不合格产品流入市场，直接影响柴油机的使用可靠性。并且根据第 7 章对机身工艺误差传递网络的分析也可得曲轴孔和凸轮轴孔的同轴度均为机身加工的关键质量特征，而缸孔垂直度作为另一个关键质量特征，其测量基准为曲轴孔的轴线，因此缸孔垂直度的测量精度同曲轴孔的同轴度也存在直接联系。由此对机身孔系同轴度事后检验质量控制方法进行研究，对提高机身的整体质量有着至关重要的作用。

10.4.1　孔系同轴度测量原理

同轴度作为定位公差，是用来控制在理论上应同轴的被测轴线同基准轴线的不同轴程度，由于被测轴线对基准轴线的不同点可能在空间的任意方向出现（见图 10-6），因此同轴度的公差带为一个以公差值为直径，基准轴线为轴线的圆柱体。

在实际测量过程中，通常采用三坐标测量仪对同轴度进行测量，首先通过三坐标测量仪读取被测孔任一截面上三点的空间坐标值，再基于三点的空间坐标值拟合得到孔截面的圆心坐标，同理可获得不同孔截面的圆心坐标，定义孔截面圆心至基准轴线的距离为 L，根据同轴度的定义，所测孔的同轴度即为 $2\max(L)$。

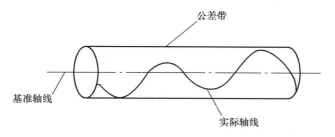

图 10-6　同轴度公差定义模型

基于对孔系同轴度测量原理的研究可见，孔系同轴度误差的评定核心为被测轴线相对基准轴线位置的变化量，而基准轴线和被测轴线均由被测要素的正截面圆心拟合得到，即同轴度误差本质上是截面上圆心的不同心，因此使孔系同轴度误差测量值更准确的前提是获得更准确的正截面圆心坐标。目前在圆心拟合方面最常用也是相对更方便简单的方法为最小二乘法，图 10-7 所示为最小二乘法拟合圆心的示意图。

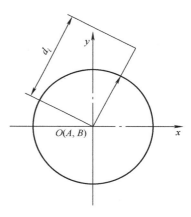

图 10-7　最小二乘法拟合圆心的示意图

众所周知，圆心坐标为 (A, B) 的圆的方程可写成

$$(x - A)^2 + (y - B)^2 = R^2 \qquad (10\text{-}42)$$

将圆方程展开，可得

$$R^2 = x^2 - 2Ax + A^2 + y^2 - 2By + B^2 \qquad (10\text{-}43)$$

令

$$\begin{cases} a = -2A \\ b = -2B \\ c = A^2 + B^2 - R^2 \end{cases} \qquad (10\text{-}44)$$

则可将圆方程改写成

$$x^2 + y^2 + ax + by + c = 0 \qquad (10\text{-}45)$$

假设圆拟合点的坐标为 (x_i, y_i)，$i = 1, 2, \cdots, n$ 其到圆心的距离为

$$x^2 + y^2 + ax + by + c = 0 \qquad (10\text{-}46)$$

拟合点到圆心距离的平方与理想圆半径的差可写为：

$$\delta_i = d_i^2 - R^2 = (x_i - A)^2 + (y_i - B)^2 - R^2 = x_i + y_i + ax_i + by_i + c$$

$$(10\text{-}47)$$

令 Q 为 δ_i 的平方和，根据最小二乘法，其求解目标为令 Q 最小，即

$$Q = \sum \delta_i^2 = \sum (x_i + y_i + ax_i + by_i + c)^2 \qquad (10\text{-}48)$$

Q 对 a, b, c 求偏导，令偏导等于 0，得到极值点，对极值点对应的函数值进行比较，即可得到最小值。

$$\frac{\partial Q(a,b,c)}{\partial a} = \sum 2(x_i^2 + y_i^2 + ax_i + by_i + c)x_i = 0$$

$$\frac{\partial Q(a,b,c)}{\partial b} = \sum 2(x_i^2 + y_i^2 + ax_i + by_i + c)x_i = 0 \qquad (10\text{-}49)$$

$$\frac{\partial Q(a,b,c)}{\partial c} = \sum 2(x_i^2 + y_i^2 + ax_i + by_i + c) = 0$$

解得

$$\begin{aligned} a &= \frac{HD - EG}{CG - D^2} \\ b &= \frac{HC - ED}{D^2 - GC} \\ c &= -\frac{\sum (x_i^2 + y_i^2) + a\sum x_i + b\sum y_i}{n} \end{aligned} \qquad (10\text{-}50)$$

其中

$$\begin{aligned} C &= (n\sum x_i^2 - \sum x_i \sum x_i) \\ D &= (n\sum x_i y_i - \sum x_i \sum y_i) \\ E &= n\sum x_i^3 + n\sum x_i y_i^2 - \sum (x_i^2 + y_i^2)\sum x_i \\ G &= (n\sum y_i^2 - \sum y_i \sum y_i) \\ H &= n\sum x_i^2 y_i + n\sum y_i^3 - \sum (x_i^2 + y_i^2)\sum y_i \end{aligned} \qquad (10\text{-}51)$$

10.4.2 孔系同轴度检验方法改进

最小二乘法拟合圆心虽简单快捷，但该方法在采样点中存在干扰点的情况下，易出现最小二乘圆心坐标误差较大的情况，导致孔系同轴度检验结果会根据采样点的不同而出现较大的波动。因此对现有圆心拟合方法进行改进以降低检验质量的波动，对提高孔同轴度的测量精度有着重要意义。

1. 基于组合学的孔正截面去干扰点圆心拟合方法

对最小二乘法拟合圆心而言，其缺陷在于易受干扰点的影响，即若所选取的圆心拟合点存在干扰点，则所拟合的圆心坐标将发生一定的偏差，而机身的孔系加工导致的孔尺寸误差、表面光洁度等是干扰点产生的主要来源，因此若想获得更为准确的孔正截面圆心坐标，则需要对所选取的圆心拟合点进行筛查，以排除

干扰点对最小二乘法圆心拟合的负面影响。

以柴油机机身某孔的一正截面为例，在孔上均匀选取 n 个圆心拟合点，在空间直角坐标系中，孔某一正截面圆心拟合点的空间坐标可以表示为 (x_i, y_i, z)，$i = 1, 2, \cdots, n$。

定义每组最小二乘圆心拟合点的数目为 r，通过随机组合方法可得到 C_n^r 组最小二乘圆心拟合点集合，再基于最小二乘法可拟合得到 C_n^r 个最小二乘圆心坐标及其对应的最小二乘圆半径，分别可表示为 $O(O_1, O_2, \cdots, O_j)$ 和 $R(R_1, R_2, \cdots, R_j)$，$j = 1, 2, \cdots, C_n^r$。

依次计算圆心拟合点至所拟合得到的最小二乘圆圆心之间的距离 l_{ij}，其表示第 i 个圆心拟合点到第 j 个最小二乘圆心的距离，即

$$l_{ij} = \sqrt{(x_i - x_j)^2 + (y_i - y_j)^2} \tag{10-52}$$

式中，$i = 1, 2, \cdots, n$；$j = 1, 2, \cdots, C_n^r$。

定义圆心拟合点同最小二乘圆心间的一致度 ε_{ij} 为 l_{ij} 与最小二乘半径 R_j 间的差值，即

$$\varepsilon_{ij} = \sqrt{(x_i - x_j)^2 + (y_i - y_j)^2} - R_j \tag{10-53}$$

定义一个准确的最小二乘圆心的判定依据为使更多的圆心拟合点落在圆上，因此定义最小二乘圆心坐标的可信度 S_{ij} 为 n 个圆心拟合点中同所验证的最小二乘圆心之间的一致度 ε_{ij} 小于一致度阈值 γ 的圆心拟合点的个数，即

$$S_{ij} = \text{sum}(\varepsilon_{ij} < \gamma) \tag{10-54}$$

若在第一次可信度排序中，存在多个最小二乘圆心坐标可信度一致的情况，则将以上最小二乘圆心中满足一致度阈值 γ 要求的一致度平均值 $\overline{\varepsilon_{ij}}$ 作为优选依据进行可信度的二次排序，将二次可信度最小的最小二乘圆心定义为所测孔截面圆的最优圆心。

2. 试验验证

以柴油机机身曲轴孔同轴度测量为例，假定所测曲轴孔上某一截面的真实圆心在 XOY 平面上的投影为 $(0, 0)$，曲轴孔真实半径为 313mm，在该截面上设定干扰点，使用本文所提的去干扰点圆心拟合方法对该截面的圆心进行拟合。

在孔截面上均匀提取 6 个圆心拟合点，所提取拟合点的空间坐标见表 10-3。

表 10-3 拟合点的空间坐标

点序号	空间坐标	点序号	空间坐标
1	(0, 313, 50)	4	(−265, 166.5653, 50)
2	(−10, 313.1, 50)	5	(260, 174.26, 50)
3	(−250, 188.33215, 50)	6	(255, 181.5048, 50)

其中 2 号点为所假定的干扰点。每 3 个一组将 6 个圆心拟合点随机组合成 20 组，拟合点随机组合结果见表 10-4。

表 10-4 拟合点随机组合结果

组号	拟合点组合结果	组号	拟合点组合结果
第 1 组	1 2 3	第 11 组	2 3 4
第 2 组	1 2 4	第 12 组	2 3 5
第 3 组	1 2 5	第 13 组	2 3 6
第 4 组	1 2 6	第 14 组	2 4 5
第 5 组	1 3 4	第 15 组	2 4 6
第 6 组	1 3 5	第 16 组	2 5 6
第 7 组	1 3 6	第 17 组	3 4 5
第 8 组	1 4 5	第 18 组	3 4 6
第 9 组	1 4 6	第 19 组	3 5 6
第 10 组	1 5 6	第 20 组	4 5 6

基于最小二乘法，可拟合得到 20 个最小二乘圆心坐标及其对应半径值，定义最小二乘圆心的一致度阈值为 0.003，对 20 个最小二乘圆心坐标中满足一致度 $\varepsilon_{ij} \leq 0.003$ 要求的圆心拟合点个数进行统计，得到圆心拟合点的一次可信度集合为 $\{3,3,4,4,5,5,5,5,5,5,3,3,3,3,3,3,5,5,5\}$。

由一次可信度集合可见，第 5、6、7、8、9、17、18、19、20 组的可信度均为 5，因此把满足一致度阈值的误差平均值大小作为优选依据进行二次可信度排序，将二次可信度值最小的最小二乘圆心坐标最终确定为所测曲轴孔截面圆的圆心，二次可信度计算结果见表 10-5。

表 10-5 二次可信度计算结果

组号	二次可信度	组号	二次可信度
第 5 组	1.3416×10^{-5}	第 17 组	4.0111×10^{-6}
第 6 组	1.8897×10^{-6}	第 18 组	3.5228×10^{-6}
第 7 组	1.8636×10^{-6}	第 19 组	3.2578×10^{-5}
第 8 组	1.8544×10^{-6}	第 20 组	3.3854×10^{-5}
第 9 组	1.8353×10^{-6}		

由表 10-5 可知，第 9 个最小二乘圆心的二次可信度最小，将该最小二乘圆的圆心作为所测曲轴孔正截面的圆心，圆心坐标为（-0.0000069238，-0.000015384），圆半径为 313mm。

若依据传统最小二乘法进行圆心拟合，得到的圆心坐标为（-0.000036765，-0.1472），对应的半径值为313.099mm，可见传统最小二乘法拟合得到的圆心坐标受到了干扰点的较大影响。

与假定圆坐标（0，0）及其对应半径313mm相比，本文所提出的孔正截面去干扰点圆心拟合方法一定程度上排除了干扰点对最小二乘圆心拟合的影响，更符合真实值。

10.5　本章小结

本章首先将第9章的质量控制图的模式类型分为正常、上升趋势、下降趋势、向上阶跃、向下阶跃、周期变化六种模式，并介绍了六种模式的数据仿真。然后分别介绍数据的统计特征、形状特征及基于二型模糊C均值聚类算法的隶属度特征，并将隶属度特征与部分统计特征、形状特征结合，提出用于模式识别的混合特征，同时介绍了支持向量机的相关理论。接下来分析了多分类支持向量机，并利用布谷鸟搜索算法对其核参数进行优化，而后结合混合特征提出基于多分类支持向量机的模式识别方法并进行了仿真，最后分析了船用柴油机机身孔系加工的历史数据并结合专家意见获得了异常原因，提出了质量控制图异常模式的异常原因诊断方法并绘制成异常模式原因及解决方法表；最后，基于组合学理论对机身孔系同轴度的测量方法进行了优化，提出了孔正截面去干扰点圆心拟合方法。

参 考 文 献

[1] 张发平，吴迪，张体广，等. 一种面向多工序制造过程的工艺可靠性评估及控制方法：2017105369270 [P]. 2019 - 04 - 26.

[2] 齐继阳，宁善平，任丽娜，等. 基于模糊随机 Petri 网的可重构制造系统可靠性分析 [J]. 组合机床与自动化加工技术，2015 (4)：156 - 160.

[3] 黄茁，苏春，许映秋. 基于随机失效序列的制造系统动态可靠性分析 [J]. 制造业自动化，2007，29 (2)：15 - 18.

[4] ZHANG D, ZHANG Y, YU M, et al. Reliability Evaluation and Component Importance Measure for Manufacturing Systems Based on Failure Losses [J]. Journal of Intelligent Manufacturing, 2015, 28 (8)：1859 - 1869.

[5] ZHANG D, ZHANG Y. Dynamic Decision - Making for Reliability and Maintenance Analysis of Manufacturing Systems Based on Failure Effects [J]. Enterprise Information Systems, 2016, 11 (8)：1 - 15.

[6] CHANG P C, LIN Y K. Fuzzy - Based System Reliability of a Labour - Intensive Manufacturing Network with Repair [J]. International Journal of Production Research, 2015, 53 (7)：1980 - 1995.

[7] DONG L, MASUDA S, YAMAGUCHI D, et al. A New Reliability Prediction Model in Manufacturing Systems [J]. IEEE Transactions on Reliability, 2010, 59 (1)：170 - 177.

[8] HE Y, HE Z, WANG L, et al. Reliability Modeling and Optimization Strategy for Manufacturing System Based on RQR Chain [J]. Mathematical Problems in Engineering, 2015 (pt. 23)：1 - 13.

[9] HE Y, WANG L, HE Z, et al. Modelling Infant Failure Rate of Electromechanical Products with Multilayered Quality Variations from Manufacturing Process [J]. International Journal of Production Research, 2016, 54 (21)：6594 - 6612.

[10] CHEN Z, HE Y, LIU F, et al. Product Infant Failure Risk Modeling Based on Quality Variation Propagation and Functional Failure Dependency [J]. Advances in Mechanical Engineering, 2018, 10 (12)：1 - 14.

[11] CHEN Y, JIN J. Quality - Reliability Chain Modeling for System - Reliability Analysis of Complex Manufacturing Processes [J]. IEEE Transactions on Reliability, 2005, 54 (3)：475 - 488.

[12] QIN Y, ZHAO L, YAO Y. Dynamic Quality Characteristics Modelling Based on Brittleness Theory in Complex Manufacturing Processes [J]. International Journal of Computer Integrated Manufacturing, 2011, 24 (10)：915 - 926.

[13] DIAO G, ZHAO L, YAO Y. A Weighted - Coupled Network - Based Quality Control Method for Improving Process Weak Links in Product Manufacturing Process [J]. Journal of Intelligent Manufacturing, 2016, 27 (3)：1 - 14.

[14] 贾新章. 工艺可靠性及其关键技术 [J]. 半导体技术，2000 (3)：13 - 17.

[15] GE L, ZHANG Y. Improving Operational Reliability of Manufacturing Systems by Process Optimization Via Survival Signatures [J]. Proc IMechE Part O: J Risk and Reliability, 2019, 233 (3): 444 - 454.

[16] LOUKIL M T, GAGNOL V, LE T P. Reliability Evaluation of Machining Stability Prediction [J]. International Journal of Advanced Manufacturing Technology, 2016, 93 (1 - 4): 337 - 345.

[17] CROOKSTON K A, YOUNG T M, HARPER D, et al. Statistical Reliability Analyses of Two Wood Plastic Composite Extrusion Processes [J]. Reliability Engineering & System Safety, 2011, 96 (1): 172 - 177.

[18] LIN G H. Process Reliability Assessment with a Bayesian Approach [J]. International Journal of Advanced Manufacturing Technology, 2005, 25 (3 - 4): 392 - 395.

[19] JIANG R, MURTHY D. Impact of Quality Variations on Product Reliability [J]. Reliability Engineering & System Safety, 2009, 94 (2): 490 - 496.

[20] ZHANG F, LU J, YAN Y, et al. Dimensional Quality Oriented Reliability Modeling for Complex Manufacturing Processes [J]. International Journal of Computational Intelligence Systems, 2011, 4 (6): 1262 - 1268.

[21] LU Z, DAI W, ZHAO Y. Reliability Evaluation and Analysis of Grinding Process Based on Machining Physics [J]. Materials Research Innovations, 2015, 19 (5): 1065 - 1069.

[22] LIN G H. A Bayesian Approach Based on Multiple Samples for Measuring Process Performance with Incapability Index [J]. International Journal of Production Economics, 2007, 106 (2): 506 - 512.

[23] DAI W, MAROPOULOS P G, ZHAO Y. Reliability Modelling and Verification of Manufacturing Processes Based on Process Knowledge Management [J]. International Journal of Computer Integrated Manufacturing, 2015, 28 (1): 98 - 111.

[24] PECHT M, DASGUPTA A. Physics - of - failure: an approach to reliable product development [J]. Journal of the Institute of Environmental Sciences, 1995, 38 (5): 30 - 34.

[25] 张春良, 廖卫献. 核工业机械制造工艺可靠性研究中的若干问题 [J]. 核动力工程, 1995 (4): 317 - 321.

[26] 张宏声. 机械制造的工艺可靠性 [J]. 科技传播, 2013, 5 (16): 161 - 162.

[27] 宋保维, 李增楠. 机械制造工艺过程可靠性 [J]. 机械设计与制造, 1994 (6): 4 - 7.

[28] 贾新章. 工艺可靠性及其关键技术 [J]. 半导体技术, 2000, 3 (25): 13 - 17.

[29] 李玉宏. 机械制造的工艺可靠性分析 [J]. 机械工程师, 2014 (6): 257 - 258.

[30] 张发平, 吴迪, 张体广, 等. 基于盲源信号分离的加工误差分离方法研究 [J]. 兵工学报, 2016, 37 (9): 1692 - 1699.

[31] ZHENG W, ZHOU M, ZHOU L. Influence of Process Parameters on Surface Topography in Ultrasonic Vibration Assisted end Grinding of SiCp/Al composites [J]. International Journal Advanced Manufacturing Technology, 2017, 91: 2347 - 2358.

[32] 黄吉东, 王龙山, 李国发, 等. 基于最小二乘支持向量机的外圆磨削表面粗糙度预测系统

[J]. 光学精密工程, 2010, 18 (11): 2407-2412.

[33] LU Z, DAI W, ZHAO Y. Reliability Evaluation and Analysis of Grinding Process Based on Machining Physics [J]. Materials Research Innovations, 2015, 19 (5): S5-1065-S5-1069.

[34] SELVAKUMAR S, ARULSHRI K P, PADMANABAN K P. Machining Fixture Layout Optimization Usinggenetic Algorithm and Artificial Neural Network [J]. International Journal of Manufacturing Research, 2013, 8 (2): 171-195.

[35] 汤传尧, 樊文欣, 王欣. 基于灰色GM (0, 4) 模型的强力旋压连杆衬套成形质量的预测研究 [J]. 热加工工艺, 2018, 47 (5): 159-161, 168.

[36] HERTLEIN N, DESHPANDE S, VENUGOPAL V, et al. Prediction of Selective Laser Melting Part Quality Using Hybrid Bayesian Network [J]. Additive Manufacturing, 2020, 32: 101089.

[37] ASHTIANI H, SHAHSAVARI P. A Comparative Study on the Phenomenological and Artificial Neural Network Models to Predict Hot Deformation Behavior of AlCuMgPb Alloy [J]. Journal of Alloys & Compounds, 2016, 687: 263-273.

[38] LU C. Study on Prediction of Surface Quality in Machining Process [J]. Journal of Materials Processing Technology, 2008, 205 (1-3): 439-450.

[39] PORTILLO E, MARCOS M, CABANES I, et al. Recurrent ANN for Monitoring Degraded Behaviours in a Range of Workpiece Thicknesses [J]. Engineering Applications of Artificial Intelligence, 2009, 22 (8): 1270-1283.

[40] 董辉. 基于灰色理论和神经网络的零件尺寸精度的组合预报 [D]. 哈尔滨: 哈尔滨工程大学, 2005.

[41] 李元, 燕亚运, 唐晓初. 基于局部模型的多阶段在线产品质量预测 [J]. 系统仿真学报, 2016, 28 (4): 966-971.

[42] 于兴. W公司凸轮轴加工过程关键质量特性识别及参数预测研究 [D]. 济南: 山东大学, 2020.

[43] TIRKEL I. Cycle Time Prediction in Wafer Fabrication Line by Applying Data Mining Methods [C]. //2011 IEEE/SEMI Advanced Semiconductor Manufacturing Conference. NewYork: IEEE, 2011.

[44] 于文靖. 汽轮机模锻叶片加工质量预测及控制方法研究 [D]. 哈尔滨: 哈尔滨工业大学, 2018.

[45] ABELLAN-NEBOT J V, LIU J, SUBIRON F R. Quality Prediction and Compensation in Multi-Station Machining Processes Using Sensor-Based Fixtures [J]. Robotics and Computer-Integrated Manufacturing, 2012, 28 (28): 208-219.

[46] 江平宇, 王岩, 王焕发, 等. 基于赋值型误差传递网络的多工序加工质量预测 [J]. 机械工程学报, 2013, 49 (6): 160-170.

[47] 李伊, 张发平, 阎艳, 等. 基于工艺因素统计量化的多工序制造质量建模 [J]. 兵工学报, 2020, 41 (7): 1408-1416.

[48] AWALE A, INAMDAR K. Multi Objective Optimization of High Speed Turning Parameters for Hardened AISI S7 Tool Steel Using Grey Relational Analysis [J]. Journal of the Brazilian Soci-

ety of Mechanical Sciences and Engineering, 2020, 42 (7): 1 – 17.
[49] 王进峰, 潘丽娟, 邢迪雄, 等. 基于能耗效率的 SiCp/Al 复合材料切削参数多目标优化 [J]. 中南大学学报（自然科学版）, 2020, 51 (6): 1565 – 1574.
[50] CAMPATELLI G, LORENZIMI L, SCIPPA A. Optimization of Process Parameters Using a Response Surface Method for Minimizing Power Consumption in The Milling of Carbon Steel [J]. Journal of Cleaner Production, 2014, 66: 309 – 316.
[51] SALMAN P, SATHISH K, ABHISHEK S. Optimization of Cutting Process Parameters in Inclined Drilling of Inconel 718 Using Finite Element Method and Taguchi Analysis [J]. Materials (Basel, Switzerland), 2020, 13 (18): 3995.
[52] KUMAR S. Experimental Investigations and Empirical Modeling for Optimization of Surface Roughness and Machining Time Parameters in Micro end Milling Using Genetic Algorithm [J]. Measurement, 2018, 24: 386 – 394.
[53] KUMAR M, HUSAIN M, UPRETI N, et al. Genetic algorithm: Review and application [J]. International Journal of Information Technology and Knowledge Management, 2010, 2: 451 – 454.
[54] JOSEPH J, MUTHUKUMARAN S. Optimization of Activated TIG Welding Parameters for Improving Weld Joint Strength of AISI 4135 PM Steel by Genetic Algorithm and Simulated Annealing [J]. International Journal of Advanced Manufacturing Technology, 2017, 93: 23 – 34.
[55] RAO R V, PAWAR P J, DAVIM J P. Optimisation of Process Parameters of Mechanical Type Advanced Machining Processes Using a Simulated Annealing Algorithm [J]. International Journal of Materials & Product Technology, 2010, 37: 83 – 101.
[56] THEPSONTHI T, OZEL T. Multi – Objective Process Optimization for Micro – end Milling of Ti – 6Al – 4V Titanium Alloy [J]. International Journal of Advanced Manufacturing Technology, 2012, 63: 903 – 914.
[57] LUO J, SUN Y. Optimization of Process Parameters for The Minimization of Surface Residual Stress in Turning Pure Iron Material Using Central Composite Design [J]. Measurement, 2020, 163: 1 – 10.
[58] HAN F, LI L, CAI W, et al. Sutherland. Parameters Optimization Considering The Trade – off Between Cutting Power and MRR Based on Linear Decreasing Particle Swarm Algorithm in Milling [J]. Journal of Cleaner Production, 2020, 262: 121388.
[59] JAYABAL S, NATARAJAN U. Optimization of Thrust Force, Torque, and Tool Wear in Drilling of Coir Fiber – reinforced Composites Using Nelder – Mead and Genetic Algorithm Methods [J]. The International Journal of Advanced Manufacturing Technology, 2010, 51 (1 – 4): 371 – 381.
[60] 马峰, 张华, 曹华军. 面向低能耗少切削液的多目标加工参数优化 [J]. 机械工程学报, 2017, 53 (11): 157 – 163.
[61] 赵传营, 赵玉刚, 刘宁, 等. 基于神经网络遗传算法的磁粒研磨 TC4 材料工艺参数优化 [J]. 表面技术, 2020, 49 (2): 316 – 321.
[62] 刘强, 俞国燕, 梅端. 基于 Dynaform 与 RBF – NSGA – Ⅱ算法的冲压成形工艺参数多目

标优化 [J]. 塑性工程学报, 2020, 27 (3): 16-25.

[63] DENG C Y, FENG Y, WEI B. Feature Selection of Converter Steelmaking Process Based on The Improved Genetic Algorithm [J]. Chinese Journal of Scientific Instrument, 2019, 40: 227-236.

[64] BAI Q. Analysis of Particle Swarm Optimization Algorithm [J]. Computer and Information Science, 2010, 3: 180-184.

[65] CHU W L, XIE M J, WU L W, et al. The Optimization of Lathe Cutting Parameters Using a Hybrid Taguchi-Genetic Algorithm [J]. IEEE Access, 2020, 8: 169576-169584.

[66] TAN Y, TAN G Z, DENG S G. Hybrid Particle Swarm Optimization With Chaotic Search for Solving Integer and Mixed Integer Programming Problems [J]. Journal of Central South University, 2014, 7: 2731-2742.

[67] YU X, CHEN W, ZHANG X. An Artificial Bee Colony Algorithm for Solving Constrained Optimization Problems [C] //2018 2nd IEEE Advanced Information Management, Communicates, Electronic and Automation Control Conference (IMCEC). NewYork: IEEE, 2018.

[68] 张公绪, 孙静. 新编质量管理学 [M]. 北京: 高等教育出版社, 2003.

[69] OAKLAND J. Statistical Process Control [M]. 6th ed. London: Butterworth-Heinemann, 2008.

[70] PAGE E S. Continuous Inspection Schemes [J]. Biomelrika, 1954, 41 (2): 100-115.

[71] HOTELLING H. Multivariae Quality Control-illustrated by The Air Esting of Sample Bombsights [J]. Techniques of Statistical Analysis, 1947, 1: 111-184.

[72] WOODALL W. Controversies and Contradictions in Statistical Process Control [J]. Journal of Quality Technology, 2000, 32 (4): 341-350.

[73] JOSHI G, JOSHI H. FMEA and Alternatives v/s Enhanced Risk Assessment Mechanism [J]. International Journal of Computer Applications, 2014, 93 (14): 33-37.

[74] 李海洋, 谢里阳, 张林林, 等. 基于模糊FMECA的齿轮制造工艺可靠性分析 [J]. 机械设计, 2019 (1): 6.

[75] 谭壮, 李国发, 许彬彬, 等. 基于模糊评判的数控机床零部件制造工艺FMECA研究 [J]. 南京信息工程大学学报 (自然科学版), 2015, 7 (2): 142-148.

[76] RUIJTERS E, STOELINGA M. Fault Tree Analysis: A Survey of The State-of-the-art in Modeling, Analysis and Tools [J]. Computer Science Review, 2015, 15-16 (3): 29-62.

[77] ROSS J E. Total Quality Management: Text, Cases, and Readings [M]. London: Kogan Page, 2017.

[78] AMP J A, CHILDE S J. Case Study in Six Sigma Methodology: Manufacturing Quality Improvement and Guidance for Managers [J]. Production Planning & Control, 2011, 23 (8): 624-640.

[79] MICHALAKOUDIS I, AURISICCHIO M, CHILDS P, et al. Empowering Manufacturing Personnel through Functional Understanding [J]. Production Planning & Control, 2018, 29 (8): 688-703.

[80] DAVRAJH S, BRIGHT G. Advanced Quality Management System for Product Families in Mass customization and Reconfigurable Manufacturing [J]. Assembly Automation, 2013, 33 (2): 127-138.

[81] 蒋平. 机械制造的工艺可靠性研究 [D]. 长沙: 国防科技大学, 2010.